STATISTIQUE

DU

COMMERCE ET DE LA NAVIGATION

DU

ROYAUME DE LA GRÈCE

AVEC

MARSEILLE

DE 1847 A 1858.

PAR

J. LEFEBVRE

SECRÉTAIRE-GÉNÉRAL

ET

H. WASTELIER DU PARC

CONSEILLER DE PRÉFECTURE

DU

DÉPARTEMENT DES BOUCHES-DU-RHONE.

MARSEILLE

IMPRIMERIE ET LITHOGRAPHIE GRAVIÈRE, RUES PARADIS, 25, ET VENTURE, 18.

1859.

1860

PREMIÈRE PARTIE.

COMMERCE.

Mouvement général des Marchandises.

IMPORTATIONS GÉNÉRALES

DE LA

GRÈCE A MARSEILLE.

IMPORTATIONS GÉNÉRALES DE LA GRÈCE A MARSEILLE.

DÉSIGNATION DES MARCHANDISES.	1848. Poids. k.	1848. Valeur. fr.	1848. Autres unités.	1849. Poids. k.	1849. Valeur. fr.	1849. Autres unités.	1850. Poids. k.	1850. Valeur. fr.	1850. Autres unités.	1851. Poids. k.	1851. Valeur. fr.	1851. Autres unités.	1852. Poids. k.	1852. Valeur. fr.	1852. Autres unités.	1853. Poids. k.	1853. Valeur. fr.	1853. Autres unités.	1854. Poids. k.	1854. Valeur. fr.	1854. Autres unités.	1855. Poids. k.	1855. Valeur. fr.	1855. Autres unités.	1856. Poids. k.	1856. Valeur. fr.	1856. Autres unités.	1857. Poids. k.	1857. Valeur. fr.	1857. Autres unités.	TOTAUX. Poids. k.	TOTAUX. Valeur. fr.	TOTAUX. Autres unités.
Animaux vivants.																																	
Pourceaux	—	—	64	—	—	137	[illegible]	[illegible]	[illegible]	[illegible]	[illegible]	[illegible]	[illegible]	[illegible]	[illegible]	[illegible]	[illegible]	[illegible]	[illegible]	[illegible]	[illegible]	[illegible]	[illegible]	[illegible]	[illegible]	[illegible]	[illegible]	[illegible]	[illegible]	[illegible]	[illegible]	[illegible]	[illegible]
Produits d'Animaux.																																	
Viandes salées, de porc	—	—	—	—	—	—	[illegible]	[illegible]	[illegible]	[illegible]	[illegible]	[illegible]	[illegible]	[illegible]	[illegible]	[illegible]	[illegible]	[illegible]	[illegible]	[illegible]	[illegible]	[illegible]	[illegible]	[illegible]	[illegible]	[illegible]	[illegible]	[illegible]	[illegible]	[illegible]	[illegible]	[illegible]	[illegible]
Viandes salées, autres	—	—	—	—	—	—	[illegible]	[illegible]	[illegible]	[illegible]	[illegible]	[illegible]	[illegible]	[illegible]	[illegible]	[illegible]	[illegible]	[illegible]	[illegible]	[illegible]	[illegible]	[illegible]	[illegible]	[illegible]	[illegible]	[illegible]	[illegible]	[illegible]	[illegible]	[illegible]	[illegible]	[illegible]	[illegible]
Os et sabots de bétail	—	—	—	—	—	—	[illegible]	[illegible]	[illegible]	[illegible]	[illegible]	[illegible]	[illegible]	[illegible]	[illegible]	[illegible]	[illegible]	[illegible]	[illegible]	[illegible]	[illegible]	[illegible]	[illegible]	[illegible]	[illegible]	[illegible]	[illegible]	[illegible]	[illegible]	[illegible]	[illegible]	[illegible]	[illegible]
Cornes de bétail brutes	—	—	—	—	—	—	[illegible]	[illegible]	[illegible]	[illegible]	[illegible]	[illegible]	[illegible]	[illegible]	[illegible]	[illegible]	[illegible]	[illegible]	[illegible]	[illegible]	[illegible]	[illegible]	[illegible]	[illegible]	[illegible]	[illegible]	[illegible]	[illegible]	[illegible]	[illegible]	[illegible]	[illegible]	[illegible]
Fromages	—	—	—	—	—	—	[illegible]	[illegible]	[illegible]	[illegible]	[illegible]	[illegible]	[illegible]	[illegible]	[illegible]	[illegible]	[illegible]	[illegible]	[illegible]	[illegible]	[illegible]	[illegible]	[illegible]	[illegible]	[illegible]	[illegible]	[illegible]	[illegible]	[illegible]	[illegible]	[illegible]	[illegible]	[illegible]
Miel	399	—	—	[illegible]	—	—	[illegible]	[illegible]	[illegible]	[illegible]	[illegible]	[illegible]	[illegible]	[illegible]	[illegible]	[illegible]	[illegible]	[illegible]	[illegible]	[illegible]	[illegible]	[illegible]	[illegible]	[illegible]	[illegible]	[illegible]	[illegible]	[illegible]	[illegible]	[illegible]	[illegible]	[illegible]	[illegible]
Peaux brutes, fraîches, petites et autres	—	—	—	—	—	—	[illegible]	[illegible]	[illegible]	[illegible]	[illegible]	[illegible]	[illegible]	[illegible]	[illegible]	[illegible]	[illegible]	[illegible]	[illegible]	[illegible]	[illegible]	[illegible]	[illegible]	[illegible]	[illegible]	[illegible]	[illegible]	[illegible]	[illegible]	[illegible]	[illegible]	[illegible]	[illegible]
Peaux brutes, sèches, grandes	—	—	—	—	—	—	[illegible]	[illegible]	[illegible]	[illegible]	[illegible]	[illegible]	[illegible]	[illegible]	[illegible]	[illegible]	[illegible]	[illegible]	[illegible]	[illegible]	[illegible]	[illegible]	[illegible]	[illegible]	[illegible]	[illegible]	[illegible]	[illegible]	[illegible]	[illegible]	[illegible]	[illegible]	[illegible]
Peaux brutes, sèches, petites, de moutons avec laine	—	—	—	—	—	—	[illegible]	[illegible]	[illegible]	[illegible]	[illegible]	[illegible]	[illegible]	[illegible]	[illegible]	[illegible]	[illegible]	[illegible]	[illegible]	[illegible]	[illegible]	[illegible]	[illegible]	[illegible]	[illegible]	[illegible]	[illegible]	[illegible]	[illegible]	[illegible]	[illegible]	[illegible]	[illegible]
Peaux brutes, sèches, petites, d'agneaux de plus d'un kil.	—	—	—	—	—	—	[illegible]	[illegible]	[illegible]	[illegible]	[illegible]	[illegible]	[illegible]	[illegible]	[illegible]	[illegible]	[illegible]	[illegible]	[illegible]	[illegible]	[illegible]	[illegible]	[illegible]	[illegible]	[illegible]	[illegible]	[illegible]	[illegible]	[illegible]	[illegible]	[illegible]	[illegible]	[illegible]
Peaux brutes, sèches, petites, avec laine, d'un kil. ou moins	—	—	—	—	—	—	[illegible]	[illegible]	[illegible]	[illegible]	[illegible]	[illegible]	[illegible]	[illegible]	[illegible]	[illegible]	[illegible]	[illegible]	[illegible]	[illegible]	[illegible]	[illegible]	[illegible]	[illegible]	[illegible]	[illegible]	[illegible]	[illegible]	[illegible]	[illegible]	[illegible]	[illegible]	[illegible]
Peaux brutes, sèches, petites, de chevreau	—	—	—	—	—	—	[illegible]	[illegible]	[illegible]	[illegible]	[illegible]	[illegible]	[illegible]	[illegible]	[illegible]	[illegible]	[illegible]	[illegible]	[illegible]	[illegible]	[illegible]	[illegible]	[illegible]	[illegible]	[illegible]	[illegible]	[illegible]	[illegible]	[illegible]	[illegible]	[illegible]	[illegible]	[illegible]
Peaux brutes, sèches, petites, autres	—	—	—	—	—	—	[illegible]	[illegible]	[illegible]	[illegible]	[illegible]	[illegible]	[illegible]	[illegible]	[illegible]	[illegible]	[illegible]	[illegible]	[illegible]	[illegible]	[illegible]	[illegible]	[illegible]	[illegible]	[illegible]	[illegible]	[illegible]	[illegible]	[illegible]	[illegible]	[illegible]	[illegible]	[illegible]
Pelleteries, peaux de lièvre brutes	—	—	—	—	—	—	[illegible]	[illegible]	[illegible]	[illegible]	[illegible]	[illegible]	[illegible]	[illegible]	[illegible]	[illegible]	[illegible]	[illegible]	[illegible]	[illegible]	[illegible]	[illegible]	[illegible]	[illegible]	[illegible]	[illegible]	[illegible]	[illegible]	[illegible]	[illegible]	[illegible]	[illegible]	[illegible]
Pelleteries, autres	—	—	—	—	—	—	[illegible]	[illegible]	[illegible]	[illegible]	[illegible]	[illegible]	[illegible]	[illegible]	[illegible]	[illegible]	[illegible]	[illegible]	[illegible]	[illegible]	[illegible]	[illegible]	[illegible]	[illegible]	[illegible]	[illegible]	[illegible]	[illegible]	[illegible]	[illegible]	[illegible]	[illegible]	[illegible]
Laines en masse	—	—	—	—	—	—	[illegible]	[illegible]	[illegible]	[illegible]	[illegible]	[illegible]	[illegible]	[illegible]	[illegible]	[illegible]	[illegible]	[illegible]	[illegible]	[illegible]	[illegible]	[illegible]	[illegible]	[illegible]	[illegible]	[illegible]	[illegible]	[illegible]	[illegible]	[illegible]	[illegible]	[illegible]	[illegible]
Poils de chèvre et de chevreau	—	—	—	—	—	—	[illegible]	[illegible]	[illegible]	[illegible]	[illegible]	[illegible]	[illegible]	[illegible]	[illegible]	[illegible]	[illegible]	[illegible]	[illegible]	[illegible]	[illegible]	[illegible]	[illegible]	[illegible]	[illegible]	[illegible]	[illegible]	[illegible]	[illegible]	[illegible]	[illegible]	[illegible]	[illegible]
Œufs de vers à soie	—	—	—	—	—	—	[illegible]	[illegible]	[illegible]	[illegible]	[illegible]	[illegible]	[illegible]	[illegible]	[illegible]	[illegible]	[illegible]	[illegible]	[illegible]	[illegible]	[illegible]	[illegible]	[illegible]	[illegible]	[illegible]	[illegible]	[illegible]	[illegible]	[illegible]	[illegible]	[illegible]	[illegible]	[illegible]
Soies, en cocons	—	—	—	—	—	—	[illegible]	[illegible]	[illegible]	[illegible]	[illegible]	[illegible]	[illegible]	[illegible]	[illegible]	[illegible]	[illegible]	[illegible]	[illegible]	[illegible]	[illegible]	[illegible]	[illegible]	[illegible]	[illegible]	[illegible]	[illegible]	[illegible]	[illegible]	[illegible]	[illegible]	[illegible]	[illegible]
Soies, écrues grèges	1.684	—	—	17.770	—	—	[illegible]	[illegible]	[illegible]	[illegible]	[illegible]	[illegible]	[illegible]	[illegible]	[illegible]	[illegible]	[illegible]	[illegible]	[illegible]	[illegible]	[illegible]	[illegible]	[illegible]	[illegible]	[illegible]	[illegible]	[illegible]	[illegible]	[illegible]	[illegible]	[illegible]	[illegible]	[illegible]
Soies, bourre en masse écrue	—	—	—	—	—	—	[illegible]	[illegible]	[illegible]	[illegible]	[illegible]	[illegible]	[illegible]	[illegible]	[illegible]	[illegible]	[illegible]	[illegible]	[illegible]	[illegible]	[illegible]	[illegible]	[illegible]	[illegible]	[illegible]	[illegible]	[illegible]	[illegible]	[illegible]	[illegible]	[illegible]	[illegible]	[illegible]
Cire non ouvrée, jaune ou brune	4.531	—	—	[illegible]	—	—	[illegible]	[illegible]	[illegible]	[illegible]	[illegible]	[illegible]	[illegible]	[illegible]	[illegible]	[illegible]	[illegible]	[illegible]	[illegible]	[illegible]	[illegible]	[illegible]	[illegible]	[illegible]	[illegible]	[illegible]	[illegible]	[illegible]	[illegible]	[illegible]	[illegible]	[illegible]	[illegible]
Graisses, de bœuf ou de mouton, suif brut	—	—	—	—	—	—	[illegible]	[illegible]	[illegible]	[illegible]	[illegible]	[illegible]	[illegible]	[illegible]	[illegible]	[illegible]	[illegible]	[illegible]	[illegible]	[illegible]	[illegible]	[illegible]	[illegible]	[illegible]	[illegible]	[illegible]	[illegible]	[illegible]	[illegible]	[illegible]	[illegible]	[illegible]	[illegible]
Graisses, de porc, saindoux	—	—	—	—	—	—	[illegible]	[illegible]	[illegible]	[illegible]	[illegible]	[illegible]	[illegible]	[illegible]	[illegible]	[illegible]	[illegible]	[illegible]	[illegible]	[illegible]	[illegible]	[illegible]	[illegible]	[illegible]	[illegible]	[illegible]	[illegible]	[illegible]	[illegible]	[illegible]	[illegible]	[illegible]	[illegible]
Ossillons	—	—	—	—	—	—	[illegible]	[illegible]	[illegible]	[illegible]	[illegible]	[illegible]	[illegible]	[illegible]	[illegible]	[illegible]	[illegible]	[illegible]	[illegible]	[illegible]	[illegible]	[illegible]	[illegible]	[illegible]	[illegible]	[illegible]	[illegible]	[illegible]	[illegible]	[illegible]	[illegible]	[illegible]	[illegible]
Pêches.																																	
Poissons de mer et autres	—	—	—	[illegible]	—	—	[illegible]	[illegible]	[illegible]	[illegible]	[illegible]	[illegible]	[illegible]	[illegible]	[illegible]	[illegible]	[illegible]	[illegible]	[illegible]	[illegible]	[illegible]	[illegible]	[illegible]	[illegible]	[illegible]	[illegible]	[illegible]	[illegible]	[illegible]	[illegible]	[illegible]	[illegible]	[illegible]
Poissons marinés ou à l'huile	8	—	—	41	—	—	[illegible]	[illegible]	[illegible]	[illegible]	[illegible]	[illegible]	[illegible]	[illegible]	[illegible]	[illegible]	[illegible]	[illegible]	[illegible]	[illegible]	[illegible]	[illegible]	[illegible]	[illegible]	[illegible]	[illegible]	[illegible]	[illegible]	[illegible]	[illegible]	[illegible]	[illegible]	[illegible]
Peaux de chiens de mer brutes	—	—	—	—	—	—	[illegible]	[illegible]	[illegible]	[illegible]	[illegible]	[illegible]	[illegible]	[illegible]	[illegible]	[illegible]	[illegible]	[illegible]	[illegible]	[illegible]	[illegible]	[illegible]	[illegible]	[illegible]	[illegible]	[illegible]	[illegible]	[illegible]	[illegible]	[illegible]	[illegible]	[illegible]	[illegible]
Éponges communes	19.131	—	—	[illegible]	—	—	[illegible]	[illegible]	[illegible]	[illegible]	[illegible]	[illegible]	[illegible]	[illegible]	[illegible]	[illegible]	[illegible]	[illegible]	[illegible]	[illegible]	[illegible]	[illegible]	[illegible]	[illegible]	[illegible]	[illegible]	[illegible]	[illegible]	[illegible]	[illegible]	[illegible]	[illegible]	[illegible]
Éponges fines	435	—	—	[illegible]	—	—	[illegible]	[illegible]	[illegible]	[illegible]	[illegible]	[illegible]	[illegible]	[illegible]	[illegible]	[illegible]	[illegible]	[illegible]	[illegible]	[illegible]	[illegible]	[illegible]	[illegible]	[illegible]	[illegible]	[illegible]	[illegible]	[illegible]	[illegible]	[illegible]	[illegible]	[illegible]	[illegible]
Céréales.—Grains.																																	
Froment, épeautre et méteil	—	—	[illegible] h.	—	—	1.810 h.	[illegible]	[illegible]	[illegible]	[illegible]	[illegible]	[illegible]	[illegible]	[illegible]	[illegible]	[illegible]	[illegible]	[illegible]	[illegible]	[illegible]	[illegible]	[illegible]	[illegible]	[illegible]	[illegible]	[illegible]	[illegible]	[illegible]	[illegible]	[illegible]	[illegible]	[illegible]	[illegible]
Seigle	—	—	—	—	—	—	[illegible]	[illegible]	[illegible]	[illegible]	[illegible]	[illegible]	[illegible]	[illegible]	[illegible]	[illegible]	[illegible]	[illegible]	[illegible]	[illegible]	[illegible]	[illegible]	[illegible]	[illegible]	[illegible]	[illegible]	[illegible]	[illegible]	[illegible]	[illegible]	[illegible]	[illegible]	[illegible]
Maïs	—	—	—	—	—	[illegible] h.	[illegible]	[illegible]	[illegible]	[illegible]	[illegible]	[illegible]	[illegible]	[illegible]	[illegible]	[illegible]	[illegible]	[illegible]	[illegible]	[illegible]	[illegible]	[illegible]	[illegible]	[illegible]	[illegible]	[illegible]	[illegible]	[illegible]	[illegible]	[illegible]	[illegible]	[illegible]	[illegible]
Pain et biscuit de mer	—	—	—	—	—	—	[illegible]	[illegible]	[illegible]	[illegible]	[illegible]	[illegible]	[illegible]	[illegible]	[illegible]	[illegible]	[illegible]	[illegible]	[illegible]	[illegible]	[illegible]	[illegible]	[illegible]	[illegible]	[illegible]	[illegible]	[illegible]	[illegible]	[illegible]	[illegible]	[illegible]	[illegible]	[illegible]
Riz en grains	—	—	—	—	—	—	[illegible]	[illegible]	[illegible]	[illegible]	[illegible]	[illegible]	[illegible]	[illegible]	[illegible]	[illegible]	[illegible]	[illegible]	[illegible]	[illegible]	[illegible]	[illegible]	[illegible]	[illegible]	[illegible]	[illegible]	[illegible]	[illegible]	[illegible]	[illegible]	[illegible]	[illegible]	[illegible]
Pâtes d'Italie	—	—	—	—	—	—	[illegible]	[illegible]	[illegible]	[illegible]	[illegible]	[illegible]	[illegible]	[illegible]	[illegible]	[illegible]	[illegible]	[illegible]	[illegible]	[illegible]	[illegible]	[illegible]	[illegible]	[illegible]	[illegible]	[illegible]	[illegible]	[illegible]	[illegible]	[illegible]	[illegible]	[illegible]	[illegible]
Légumes verts	—	—	—	—	—	—	[illegible]	[illegible]	[illegible]	[illegible]	[illegible]	[illegible]	[illegible]	[illegible]	[illegible]	[illegible]	[illegible]	[illegible]	[illegible]	[illegible]	[illegible]	[illegible]	[illegible]	[illegible]	[illegible]	[illegible]	[illegible]	[illegible]	[illegible]	[illegible]	[illegible]	[illegible]	[illegible]
Orge perlée	—	—	—	—	—	—	[illegible]	[illegible]	[illegible]	[illegible]	[illegible]	[illegible]	[illegible]	[illegible]	[illegible]	[illegible]	[illegible]	[illegible]	[illegible]	[illegible]	[illegible]	[illegible]	[illegible]	[illegible]	[illegible]	[illegible]	[illegible]	[illegible]	[illegible]	[illegible]	[illegible]	[illegible]	[illegible]
Avoine (id.)	—	—	—	—	—	—	[illegible]	[illegible]	[illegible]	[illegible]	[illegible]	[illegible]	[illegible]	[illegible]	[illegible]	[illegible]	[illegible]	[illegible]	[illegible]	[illegible]	[illegible]	[illegible]	[illegible]	[illegible]	[illegible]	[illegible]	[illegible]	[illegible]	[illegible]	[illegible]	[illegible]	[illegible]	[illegible]
Légumes secs et leurs farines	—	—	—	—	—	—	[illegible]	[illegible]	[illegible]	[illegible]	[illegible]	[illegible]	[illegible]	[illegible]	[illegible]	[illegible]	[illegible]	[illegible]	[illegible]	[illegible]	[illegible]	[illegible]	[illegible]	[illegible]	[illegible]	[illegible]	[illegible]	[illegible]	[illegible]	[illegible]	[illegible]	[illegible]	[illegible]
Millet	—	—	—	—	—	—	[illegible]	[illegible]	[illegible]	[illegible]	[illegible]	[illegible]	[illegible]	[illegible]	[illegible]	[illegible]	[illegible]	[illegible]	[illegible]	[illegible]	[illegible]	[illegible]	[illegible]	[illegible]	[illegible]	[illegible]	[illegible]	[illegible]	[illegible]	[illegible]	[illegible]	[illegible]	[illegible]
Fruits et Graines.																																	
Fruits de table, figues, citrons, oranges, etc.	—	—	—	—	—	—	[illegible]	[illegible]	[illegible]	[illegible]	[illegible]	[illegible]	[illegible]	[illegible]	[illegible]	[illegible]	[illegible]	[illegible]	[illegible]	[illegible]	[illegible]	[illegible]	[illegible]	[illegible]	[illegible]	[illegible]	[illegible]	[illegible]	[illegible]	[illegible]	[illegible]	[illegible]	[illegible]
Fruits de table, raisins	—	—	—	—	—	—	[illegible]	[illegible]	[illegible]	[illegible]	[illegible]	[illegible]	[illegible]	[illegible]	[illegible]	[illegible]	[illegible]	[illegible]	[illegible]	[illegible]	[illegible]	[illegible]	[illegible]	[illegible]	[illegible]	[illegible]	[illegible]	[illegible]	[illegible]	[illegible]	[illegible]	[illegible]	[illegible]
Fruits de table, autres	—	—	—	—	—	—	[illegible]	[illegible]	[illegible]	[illegible]	[illegible]	[illegible]	[illegible]	[illegible]	[illegible]	[illegible]	[illegible]	[illegible]	[illegible]	[illegible]	[illegible]	[illegible]	[illegible]	[illegible]	[illegible]	[illegible]	[illegible]	[illegible]	[illegible]	[illegible]	[illegible]	[illegible]	[illegible]
Fruits oléagineux.—Amandes	—	—	—	—	—	—	[illegible]	[illegible]	[illegible]	[illegible]	[illegible]	[illegible]	[illegible]	[illegible]	[illegible]	[illegible]	[illegible]	[illegible]	[illegible]	[illegible]	[illegible]	[illegible]	[illegible]	[illegible]	[illegible]	[illegible]	[illegible]	[illegible]	[illegible]	[illegible]	[illegible]	[illegible]	[illegible]
Graines oléagineuses, de sésame	—	—	—	[illegible]	—	—	[illegible]	[illegible]	[illegible]	[illegible]	[illegible]	[illegible]	[illegible]	[illegible]	[illegible]	[illegible]	[illegible]	[illegible]	[illegible]	[illegible]	[illegible]	[illegible]	[illegible]	[illegible]	[illegible]	[illegible]	[illegible]	[illegible]	[illegible]	[illegible]	[illegible]	[illegible]	[illegible]
Graines oléagineuses, de lin	—	—	—	[illegible]	—	—	[illegible]	[illegible]	[illegible]	[illegible]	[illegible]	[illegible]	[illegible]	[illegible]	[illegible]	[illegible]	[illegible]	[illegible]	[illegible]	[illegible]	[illegible]	[illegible]	[illegible]	[illegible]	[illegible]	[illegible]	[illegible]	[illegible]	[illegible]	[illegible]	[illegible]	[illegible]	[illegible]
Graines oléagineuses, de navette et autres	—	—	—	—	—	—	[illegible]	[illegible]	[illegible]	[illegible]	[illegible]	[illegible]	[illegible]	[illegible]	[illegible]	[illegible]	[illegible]	[illegible]	[illegible]	[illegible]	[illegible]	[illegible]	[illegible]	[illegible]	[illegible]	[illegible]	[illegible]	[illegible]	[illegible]	[illegible]	[illegible]	[illegible]	[illegible]
Fruits confits.—Olives et pistaches	—	—	—	20	—	—	[illegible]	[illegible]	[illegible]	[illegible]	[illegible]	[illegible]	[illegible]	[illegible]	[illegible]	[illegible]	[illegible]	[illegible]	[illegible]	[illegible]	[illegible]	[illegible]	[illegible]	[illegible]	[illegible]	[illegible]	[illegible]	[illegible]	[illegible]	[illegible]	[illegible]	[illegible]	[illegible]
Fruits à distiller.—Anis vert	—	—	—	—	—	—	[illegible]	[illegible]	[illegible]	[illegible]	[illegible]	[illegible]	[illegible]	[illegible]	[illegible]	[illegible]	[illegible]	[illegible]	[illegible]	[illegible]	[illegible]	[illegible]	[illegible]	[illegible]	[illegible]	[illegible]	[illegible]	[illegible]	[illegible]	[illegible]	[illegible]	[illegible]	[illegible]
Denrées coloniales.																																	
Sirops, confitures et bonbons	—	—	—	—	—	—	[illegible]	[illegible]	[illegible]	[illegible]	[illegible]	[illegible]	[illegible]	[illegible]	[illegible]	[illegible]	[illegible]	[illegible]	[illegible]	[illegible]	[illegible]	[illegible]	[illegible]	[illegible]	[illegible]	[illegible]	[illegible]	[illegible]	[illegible]	[illegible]	[illegible]	[illegible]	[illegible]
Cannelle dite de Chine	—	—	—	—	—	—	[illegible]	[illegible]	[illegible]	[illegible]	[illegible]	[illegible]	[illegible]	[illegible]	[illegible]	[illegible]	[illegible]	[illegible]	[illegible]	[illegible]	[illegible]	[illegible]	[illegible]	[illegible]	[illegible]	[illegible]	[illegible]	[illegible]	[illegible]	[illegible]	[illegible]	[illegible]	[illegible]
Poivre	—	—	—	—	—	—	[illegible]	[illegible]	[illegible]	[illegible]	[illegible]	[illegible]	[illegible]	[illegible]	[illegible]	[illegible]	[illegible]	[illegible]	[illegible]	[illegible]	[illegible]	[illegible]	[illegible]	[illegible]	[illegible]	[illegible]	[illegible]	[illegible]	[illegible]	[illegible]	[illegible]	[illegible]	[illegible]
Thé	—	—	—	—	—	—	[illegible]	[illegible]	[illegible]	[illegible]	[illegible]	[illegible]	[illegible]	[illegible]	[illegible]	[illegible]	[illegible]	[illegible]	[illegible]	[illegible]	[illegible]	[illegible]	[illegible]	[illegible]	[illegible]	[illegible]	[illegible]	[illegible]	[illegible]	[illegible]	[illegible]	[illegible]	[illegible]
Tabac en feuilles ou en côtes	—	—	—	[illegible]	—	—	[illegible]	[illegible]	[illegible]	[illegible]	[illegible]	[illegible]	[illegible]	[illegible]	[illegible]	[illegible]	[illegible]	[illegible]	[illegible]	[illegible]	[illegible]	[illegible]	[illegible]	[illegible]	[illegible]	[illegible]	[illegible]	[illegible]	[illegible]	[illegible]	[illegible]	[illegible]	[illegible]

DÉSIGNATION DES MARCHANDISES.	1848. Poids k.	1848. Valeur fr.	1848. Autres unités.	1849 Poids k.	1849 Valeur fr.	1849 Autres unités.	1850. Poids k.	1850. Valeur fr.	1850. Autres unités.	1851. Poids k.	1851. Valeur fr.	1851. Autres unités.	1852. Poids k.	1852. Valeur fr.	1852. Autres unités.	1853. Poids k.	1853. Valeur fr.	1853. Autres unités.	1854. Poids k.	1854. Valeur fr.	1854. Autres unités.	1855. Poids k.	1855. Valeur fr.	1855. Autres unités.	1856. Poids k.	1856. Valeur fr.	1856. Autres unités.	1857. Poids k.	1857. Valeur fr.	1857. Autres unités.	TOTAUX. Poids k.	TOTAUX. Valeur fr.	TOTAUX. Autres unités.
[illegible]	[illegible]	[illegible]	[illegible]	[illegible]	[illegible]	[illegible]	[illegible]	[illegible]	[illegible]	[illegible]	[illegible]	[illegible]	[illegible]	[illegible]	[illegible]	[illegible]	[illegible]	[illegible]	[illegible]	[illegible]	[illegible]	[illegible]	[illegible]	[illegible]	[illegible]	[illegible]	[illegible]	[illegible]	[illegible]	[illegible]	[illegible]	[illegible]	[illegible]
Espèces médicinales.																																	
[illegible]	[illegible]	[illegible]	[illegible]	[illegible]	[illegible]	[illegible]	[illegible]	[illegible]	[illegible]	[illegible]	[illegible]	[illegible]	[illegible]	[illegible]	[illegible]	[illegible]	[illegible]	[illegible]	[illegible]	[illegible]	[illegible]	[illegible]	[illegible]	[illegible]	[illegible]	[illegible]	[illegible]	[illegible]	[illegible]	[illegible]	[illegible]	[illegible]	[illegible]
Pierres et Terres.																																	
[illegible]	[illegible]	[illegible]	[illegible]	[illegible]	[illegible]	[illegible]	[illegible]	[illegible]	[illegible]	[illegible]	[illegible]	[illegible]	[illegible]	[illegible]	[illegible]	[illegible]	[illegible]	[illegible]	[illegible]	[illegible]	[illegible]	[illegible]	[illegible]	[illegible]	[illegible]	[illegible]	[illegible]	[illegible]	[illegible]	[illegible]	[illegible]	[illegible]	[illegible]
Compositions diverses.																																	
[illegible]	[illegible]	[illegible]	[illegible]	[illegible]	[illegible]	[illegible]	[illegible]	[illegible]	[illegible]	[illegible]	[illegible]	[illegible]	[illegible]	[illegible]	[illegible]	[illegible]	[illegible]	[illegible]	[illegible]	[illegible]	[illegible]	[illegible]	[illegible]	[illegible]	[illegible]	[illegible]	[illegible]	[illegible]	[illegible]	[illegible]	[illegible]	[illegible]	[illegible]
Vitrification.																																	
[illegible]	[illegible]	[illegible]	[illegible]	[illegible]	[illegible]	[illegible]	[illegible]	[illegible]	[illegible]	[illegible]	[illegible]	[illegible]	[illegible]	[illegible]	[illegible]	[illegible]	[illegible]	[illegible]	[illegible]	[illegible]	[illegible]	[illegible]	[illegible]	[illegible]	[illegible]	[illegible]	[illegible]	[illegible]	[illegible]	[illegible]	[illegible]	[illegible]	[illegible]

DE LA GRÈCE A MARSEILLE.

1853.			1854.			1855.			1856.			1857.			TOTAUX.		
Poids	Valeur.	Autres unités.	Poids	Valeur.	Autres unités.	Poids	Valeur.	Autres unités.	Poids	Valeur.	Autres unités.	Poids	Valeur.	Autres unités.	Poids	Valeur	Autres unités
[illegible]	[illegible]	[illegible]	[illegible]	[illegible]	[illegible]	[illegible]	[illegible]	[illegible]	[illegible]	[illegible]	[illegible]	[illegible]	[illegible]	[illegible]	[illegible]	[illegible]	[illegible]

Mouvement général des Marchandises.

EXPORTATIONS GÉNÉRALES

DE

MARSEILLE A DESTINATION DE LA GRÈCE.

EXPORTATIONS GÉNÉRALES DE MARSEILLE A DESTINATION DE LA GRÈCE.

DÉSIGNATION DES MARCHANDISES.	1848. Poids k.	1848. Valeur fr.	1848. Autres unités.	1849. Poids k.	1849. Valeur fr.	1849. Autres unités.	1850. Poids k.	1850. Valeur fr.	1850. Autres unités.	1851. Poids k.	1851. Valeur fr.	1851. Autres unités.	1852. Poids k.	1852. Valeur fr.	1852. Autres unités.
Animaux vivants.															
Sangsues	—	—	—	—	—	—	—	—	—	—	—	—	—	—	4.000
Produits et dép. d'animaux.															
Viandes salées	341	—	—	—	—	—	1.000	—	—	—	—	—	667	—	—
Fromages	—	—	—	406	—	—	1.790	—	—	410	—	—	104	—	—
Beurre frais ou fondu	—	—	—	—	—	—	—	—	—	—	—	—	—	—	—
Beurre salé	—	—	—	—	—	—	—	—	—	52	—	—	32	—	—
Peaux brutes sèches grandes	—	—	—	—	—	—	615	—	—	1.209	—	—	—	—	—
Poils de porc et de sanglier en masse	—	—	—	—	—	—	—	—	—	—	—	—	—	—	—
Plumes à écrire apprêtées	—	—	—	—	—	—	—	—	—	—	—	—	—	—	—
[illegible]	—	—	—	—	—	—	—	—	—	105	—	—	—	—	—
Pêches.															
Poissons de mer, morues	981.556	—	—	731.329	—	—	710.633	—	—	781.790	—	—	856.963	—	—
Poissons de mer, autres	—	—	—	—	—	—	800	—	—	—	—	—	—	—	—
Poissons marinés ou à l'huile	—	—	—	—	—	—	—	—	—	—	—	—	—	—	—
Graisses de poissons, huile de morue	41	—	—	—	—	—	—	—	—	—	—	—	—	—	—
Graisses de poissons, autres	—	—	—	—	—	—	—	—	—	—	—	—	—	—	—
Farineux alimentaires.															
Racine de [illegible]	—	—	—	—	—	—	—	—	—	—	—	—	—	—	—
Pain et biscuit de mer	—	—	—	—	—	—	3.150	—	—	—	—	—	1.650	—	—
Blé en grains	—	—	—	—	—	—	—	—	—	—	—	—	—	—	—
Pommes de terre	—	—	—	6.780	—	—	42.900	—	—	1.200	—	—	—	—	—
Légumes secs	—	—	—	—	—	—	125	—	—	—	—	—	—	—	—
Marrons, châtaignes, etc.	—	—	—	—	—	—	30	—	—	—	—	—	—	—	—
Gruaux	—	—	—	—	—	—	1.848	—	—	[illegible]	—	—	—	—	—
Fécules [illegible]	—	—	—	—	—	—	—	—	—	—	—	—	—	—	—
Pâtes d'Italie	—	—	—	—	—	—	—	—	—	—	—	—	—	—	—
Fruits et graines.															
Fruits frais et [illegible], exotiques	—	—	—	—	—	—	—	—	—	—	—	—	115	—	—
Fruits frais et [illegible], indigènes	—	—	—	695	—	—	—	—	—	—	—	—	—	—	—
Fruits secs ou tapés et autres	—	—	—	63	—	—	393	—	—	—	—	—	632	—	—
Fruits confits	—	—	—	749	—	—	1.329	—	—	502	—	—	427	—	—
Amandes	—	—	—	6.485	—	—	33	—	—	—	—	—	—	—	—
Noix, noisettes, etc.	—	—	—	996	—	—	—	—	—	650	—	—	—	—	—
Fruits à distiller — Anis vert	—	—	—	463	—	—	3.635	—	—	6.194	—	—	—	—	—
Graines à ensemencer	—	—	—	—	—	—	144	—	—	610	—	—	—	—	—

DÉSIGNATION DES MARCHANDISES.	1853. Poids k.	1853. Valeur fr.	1853. Autres unités.	1854. Poids k.	1854. Valeur fr.	1854. Autres unités.	1855. Poids k.	1855. Valeur fr.	1855. Autres unités.	1856. Poids k.	1856. Valeur fr.	1856. Autres unités.	1857. Poids k.	1857. Valeur fr.	1857. Autres unités.	TOTAUX. Poids k.	TOTAUX. Valeur fr.	TOTAUX. Autres unités.
Animaux vivants.																		
Sangsues	—	—	—	—	—	—	—	—	—	—	—	—	—	—	—	—	—	4.000
Produits et dép. d'animaux.																		
Viandes salées	307	—	—	19	—	—	1.450	—	—	41.220	—	—	7.170	—	—	24.951	—	—
Fromages	166	—	—	167	—	—	992	—	—	190	—	—	449	—	—	5.122	—	—
Beurre frais ou fondu	—	—	—	136	—	—	—	—	—	—	—	—	—	—	—	172	—	—
Beurre salé	—	—	—	—	—	—	—	—	—	—	—	—	—	—	—	84	—	—
Peaux brutes sèches grandes	177	—	—	—	—	—	—	—	—	—	—	—	—	—	—	1.860	—	—
Poils de porc et de sanglier en masse	40	—	—	—	—	—	—	—	—	—	—	—	—	—	—	40	—	—
Plumes à écrire apprêtées	64	—	—	—	—	—	—	—	—	—	—	—	—	—	—	64	—	—
[illegible]	—	—	—	—	—	—	—	—	—	—	—	—	—	—	—	105	—	—
Pêches.																		
Poissons de mer, morues	211.490	—	—	31.616	—	—	510.996	—	—	1.191.317	—	—	1.238.707	—	—	5.060.307	—	—
Poissons de mer, autres	—	—	—	549	—	—	723	—	—	16.610	—	—	4.790	—	—	18.472	—	—
Poissons marinés ou à l'huile	400	—	—	30	—	—	70	—	—	510	—	—	367	—	—	1.412	—	—
Graisses de poissons, huile de morue	—	—	—	—	—	—	—	—	—	—	—	—	143	—	—	741	—	—
Graisses de poissons, autres	365	—	—	—	—	—	—	—	—	—	—	—	—	—	—	360	—	—
Farineux alimentaires.																		
Racine de [illegible]	—	—	—	466	—	—	—	—	—	—	—	—	—	—	—	148	—	—
Pain et biscuit de mer	2.150	—	—	1.375	—	—	5.550	—	—	12.571	—	—	17.196	—	—	36.532	—	—
Blé en grains	—	—	—	754	—	—	8.294	—	—	11.806	—	—	92.506	—	—	25.106	—	—
Pommes de terre	20.435	—	—	8.662	—	—	4.965	—	—	6.475	—	—	10.868	—	—	81.044	—	—
Légumes secs	—	—	—	925	—	—	1.545	—	—	185	—	—	363	—	—	3.033	—	—
Marrons, châtaignes, etc.	—	—	—	—	—	—	—	—	—	—	—	—	—	—	—	30	—	—
Gruaux	—	—	—	—	—	—	—	—	—	—	—	—	—	—	—	2.301	—	—
Fécules [illegible]	—	—	—	—	—	—	—	—	—	725	—	—	510	—	—	909	—	—
Pâtes d'Italie	85	—	—	—	—	—	—	—	—	50	—	—	50	—	—	848	—	—
Fruits et graines.																		
Fruits frais et [illegible], exotiques	—	—	—	—	—	—	—	—	—	—	—	—	—	—	—	156	—	—
Fruits frais et [illegible], indigènes	—	—	—	18	—	—	—	—	—	—	—	—	—	—	—	603	—	—
Fruits secs ou tapés et autres	154	—	—	2.021	—	—	1.051	—	—	395	—	—	400	—	—	3.908	—	—
Fruits confits	—	—	—	1.169	—	—	707	—	—	3.816	—	—	4.411	—	—	11.137	—	—
Amandes	—	—	—	—	—	—	15.049	—	—	3.520	—	—	8.044	—	—	24.178	—	—
Noix, noisettes, etc.	—	—	—	—	—	—	—	—	—	—	—	—	—	—	—	830	—	—
Fruits à distiller — Anis vert	—	—	—	—	—	—	—	—	—	—	—	—	—	—	—	11.545	—	—
Graines à ensemencer	—	—	—	—	—	—	950	—	—	160	—	—	4.908	—	—	8.044	—	—

EXPORTATIONS GÉNÉRALES DE MARSEILLE À DESTINATION DE LA GRÈCE.

DÉSIGNATION DES MARCHANDISES.	1848.			1849.			1850.			1851.			1852.			1853.			1854.			1855.			1856.			1857.			TOTAUX.		
	Poids. K.	Valeur. FR.	Autres unités.	Poids. K.	Valeur. FR.	Autres unités.	Poids. K.	Valeur. FR.	Autres unités.	Poids. K.	Valeur. FR.	Autres unités.	Poids. K.	Valeur. FR.	Autres unités.	Poids. K.	Valeur. FR.	Autres unités.	Poids. K.	Valeur. FR.	Autres unités.	Poids. K.	Valeur. FR.	Autres unités.	Poids. K.	Valeur. FR.	Autres unités.	Poids. K.	Valeur. FR.	Autres unités.	Poids. K.	Valeur. FR.	Autres unités.
Denrées coloniales.																																	
[illegible]																																	
Sirops, confitures, etc																																	
Café																																	
Sucs végétaux.																																	
[illegible] et goudron																																	
Essence de térébenthine																																	
Galipot																																	
Laque naturelle																																	
Huiles d'olive																																	
Huiles de graines grasses																																	
Huiles autres pures																																	
Huiles volatiles ou essences																																	
Sucs d'[illegible]																																	
Espèces médicinales.																																	
Écorces de quinquina																																	
Écorces autres																																	
[illegible]																																	
[illegible]																																	
Bois communs.																																	
Bois de pin et de sapin brut																																	
Liège brut																																	
Liège râpé																																	
Bois exotiques.																																	
Bois de teinture en bûches																																	
Bois d'ébénisterie et autres																																	
Fruits, tiges et filaments.																																	
Coton en feuilles [illegible]																																	
Teintures et tannins.																																	
Safran																																	
Produits et déchets.																																	
Légumes [illegible]																																	
Plants d'arbres																																	
[illegible]																																	
Truffes [illegible]																																	
Chardons cardières																																	

EXPORTATIONS GÉNÉRALES DE MARSEILLE A DESTINATION DE LA GRÈCE.

DÉSIGNATION DES MARCHANDISES.	1848. Poids. k.	1848. Valeur. fr.	1848. Autres unités.	1849 Poids. k.	1849 Valeur. fr.	1849 Autres unités.	1850. Poids. k.	1850. Valeur. fr.	1850. Autres unités.	1851. Poids. k.	1851. Valeur. fr.	1851. Autres unités.	1852. Poids. k.	1852. Valeur. fr.	1852. Autres unités.
			[illegible]			[illegible]			[illegible]			[illegible]			[illegible]
Teintures préparées.															
Bleu de prusse	—	—	—	—	—	—	271	—	—	300	—	—	—	—	—
Couleurs.															
Outremer factice	—	—	—	—	—	—	—	—	—	—	—	—	—	—	—
Encre liquide à écrire	343	—	—	540	—	—	—	—	—	150	—	—	510	—	—
Vernis et autres	273	—	—	—	—	—	—	—	—	—	—	—	—	—	—
Vernis noir à souliers	5.030	—	—	19.620	—	—	11.370	—	—	7.531	—	—	2.119	—	—
Crayons à gaine de cèdre	—	—	—	—	—	—	—	—	—	160	—	—	—	—	—
Couleurs { sèches ou liquides	—	—	—	—	—	—	3.000	—	—	—	—	—	—	—	—
Couleurs { en pâtes humides	—	—	—	—	—	—	—	—	—	—	—	—	—	—	—
Compositions diverses.															
Parfumeries	2.185	—	—	5.153	—	—	6.811	—	—	5.338	—	—	1.050	—	—
Moutarde	—	—	—	—	—	—	90	—	—	—	—	—	—	—	—
Médicaments composés { eaux distillées { alcooliques	—	—	—	—	—	—	—	—	—	610	—	—	—	—	—
Médicaments composés { eaux distillées { sans alcool	—	—	—	—	—	—	410	—	—	—	—	—	—	—	—
Médicaments composés { extraits de quinquina	—	—	—	18	—	—	—	—	—	—	—	—	98	—	—
Médicaments composés { autres	217	—	—	160	—	—	—	—	—	471	—	—	77	—	—
Savons { d'huile de palme	—	—	—	—	—	—	—	—	—	252	—	—	—	—	—
Savons { autres	—	—	—	—	—	—	—	—	—	—	—	—	170	—	—
Amidon	19.163	—	—	6.605	—	—	14.208	—	—	3.030	—	—	3.030	—	—
Cire à cacheter	—	—	—	—	—	—	—	—	—	—	—	—	—	—	—
Cire ouvrée blanche	—	—	—	—	—	—	—	—	—	—	—	—	—	—	—
Acide stéarique ouvré	40	—	—	96	—	—	50	—	—	890	—	—	1.063	—	—
Colle-forte	—	—	—	736	—	—	—	—	—	—	—	—	—	—	—
Extraits de viandes en pains	—	—	—	110	—	—	—	—	—	—	—	—	—	—	—
Tabac fabriqué	201	—	—	414	—	—	363	—	—	331	—	—	436	—	—
Sucre raffiné	11.065	—	—	109.459	—	—	173.095	—	—	183.810	—	—	199.764	—	—
Chocolat	—	—	—	40	—	—	150	—	—	15	—	—	80	—	—
Boissons.															
Vins ordinaires { en futailles	—	—	5.821 hl	—	—	14.685 hl	—	—	20.672 hl	—	—	12.383 hl	—	—	16.814 hl
Vins ordinaires { en bouteilles	—	—	2.573 hl	—	—	6.500 hl	—	—	2.064 hl	—	—	3.098 hl	—	—	1.274 hl
Vin de liqueur en bouteilles	—	—	1.554 hl	—	—	2.368 hl	—	—	950 hl	—	—	—	—	—	—
id. en futailles	—	—	—	—	—	—	—	—	—	—	—	—	—	—	—
Vinaigre de vin et de bois en futailles	—	—	—	—	—	363 hl	—	—	—	—	—	—	—	—	—
Bière	—	—	120 hl	—	—	—	—	—	66 hl	—	—	—	—	—	—
Eaux-de-vie { de vin	—	—	2.354 hl	—	—	453 hl	—	—	5.773 hl	—	—	1.400 hl	—	—	6.665 hl
Eaux-de-vie { de [illegible]	—	—	—	—	—	—	—	—	131 hl	—	—	—	—	—	—
Eaux-de-vie { autres	—	—	—	—	—	—	—	—	100 hl	—	—	—	—	—	—
Esprit de toutes sortes	—	—	—	—	—	—	—	—	—	2.990	—	—	—	—	—
Liqueurs	—	—	800 hl	—	—	430 hl	—	—	—	—	—	—	—	—	—
Eaux minérales { gazeuses	—	—	—	108	—	—	—	—	—	314	—	—	—	—	—
Eaux minérales { autres	—	—	—	74	—	—	240	—	—	160	—	—	—	—	110 hl

1853. Poids k.	1853. Valeur fr.	1853. Autres unités.	1854. Poids k.	1854. Valeur fr.	1854. Autres unités.	1855. Poids k.	1855. Valeur fr.	1855. Autres unités.	1856. Poids k.	1856. Valeur fr.	1856. Autres unités.	1857. Poids k.	1857. Valeur fr.	1857. Autres unités.	TOTAUX. Poids k.	TOTAUX. Valeur fr.	TOTAUX. Autres unités.
		[illegible]			[illegible]			[illegible]			[illegible]			[illegible]			
99	—	—	107	—	—	—	—	—	—	—	—	—	—	—	1.810	—	—
—	—	—	—	—	—	660	—	—	2.091	—	—	2.845	—	—	2.491	—	—
—	—	—	—	—	—	155	—	—	—	—	—	—	—	—	435	—	—
190	—	—	1.254	—	—	1.930	—	—	9.096	—	—	3.430	—	—	13.273	—	—
—	—	—	—	—	—	—	—	—	—	—	—	—	—	—	2.482	—	—
—	—	—	—	—	—	100	—	—	—	—	—	1.343	—	—	1.314	—	—
—	—	—	641	—	—	—	—	—	—	—	—	—	—	—	260	—	—
733	—	—	—	—	—	1.730	—	—	1.501	—	—	1.550	—	—	5.448	—	—
300	—	—	—	—	—	2.105	—	—	186	—	—	1.706	—	—	2.421	—	—
—	—	—	—	—	—	—	—	—	—	—	—	—	—	—	162	—	—
—	—	—	—	—	—	516	—	—	—	—	—	—	—	—	665	—	—
—	—	—	—	—	—	—	—	—	—	—	—	—	—	—	253	—	—
—	—	—	—	—	—	—	—	—	—	—	—	40	—	—	166	—	—
—	—	—	—	—	—	—	—	—	—	—	—	—	—	—	51	—	—
—	—	—	—	—	—	—	—	—	—	—	—	270	—	—	252	—	—
—	—	—	—	—	—	807	—	—	—	—	—	—	—	—	807	—	—
2.931	—	—	903	—	7 hl	—	—	916 hl	19.711	—	—	1.720	—	—	40.500	—	414 hl
—	—	—	—	—	—	—	—	—	—	—	—	—	—	—	1.774	—	—
200	—	—	114	—	—	9.010	—	—	1.100	—	—	—	—	—	10.430	—	—
—	—	—	—	—	—	—	—	—	—	—	—	—	—	—	4.047	—	—
—	—	—	—	—	—	—	—	—	—	—	—	101	—	—	1.050	—	—
—	—	—	—	—	—	—	—	—	—	—	—	—	—	—	5	—	—
—	—	—	107	—	—	30	—	—	—	—	—	120	—	—	767	—	—
—	—	—	—	—	—	40	—	—	—	—	—	5.030	—	—	7.193	—	—
—	—	—	—	—	—	—	—	—	—	—	—	300	—	—	385	—	—
—	—	—	—	—	—	50	—	—	—	—	—	321	—	—	379	—	—
—	—	—	50	—	—	90	—	—	50	—	—	342	—	—	649	—	—

EXPORTATIONS GÉNÉRALES DE MARSEILLE A DESTINATION DE LA GRÈCE.

DÉSIGNATION DES MARCHANDISES.	1848. Poids. K.	1848. Valeur. FR.	1848. Autres unités.	1849. Poids. K.	1849. Valeur. FR.	1849. Autres unités.	1850. Poids. K.	1850. Valeur. FR.	1850. Autres unités.	1851. Poids. K.	1851. Valeur. FR.	1851. Autres unités.	1852. Poids. K.	1852. Valeur. FR.	1852. Autres unités.
			[illegible]			[illegible]			[illegible]			[illegible]			[illegible]
Pierres et terres.															
Marbres ouvrés	—	—	—	313	—	—	533	—	—	56	—	—	—	—	—
Meules à moudre: de 1m30 à 1m90 de diamètre	—	—	4	—	—	—	—	—	—	—	—	—	—	—	—
Meules à moudre: de moins de 1m30 de diamètre	—	—	—	—	—	—	—	—	—	—	—	—	—	—	—
Meules à aiguiser: de 351 à 430 mil. de diamètre	—	—	—	—	—	—	—	—	—	—	—	—	—	—	19
Meules à aiguiser: de 350 mil. ou moins de diamètre	—	—	31	—	—	—	—	—	—	—	—	—	—	—	[illegible]
Pierres servant aux arts et métiers: Pierres à feu	102	—	—	2.261	—	—	600	—	—	570	—	—	—	—	—
Pierres servant aux arts et métiers: Cailloux à faïence	—	—	—	309	—	—	—	—	—	—	—	—	—	—	—
Pierres servant aux arts et métiers: autres	—	—	—	—	—	—	1.308	—	—	—	—	—	—	—	—
Tuiles et Briques	—	—	41.395	—	—	17.300	—	—	215.000	—	—	192.200	—	—	100.010
Tuyaux en terre ordinaire	—	—	250	—	—	500	—	—	—	—	—	—	—	—	—
Matériaux autres	—	—	—	—	—	—	—	—	—	—	—	—	—	—	—
Soufre en canons	530	—	—	335	—	—	500	—	—	333	—	—	531	—	—
— sublimé	—	—	—	—	—	—	170	—	—	—	—	—	—	—	—
Goudron minéral	1.407	—	—	1.120	—	—	400	—	—	1.160	—	—	—	—	—
Houille: crue	—	—	—	—	—	—	143.000	—	—	—	—	—	—	—	—
Houille: carbonisée	—	—	—	—	—	—	—	—	—	—	—	—	—	—	—
Métaux.															
Fer: en barres	—	—	—	—	—	—	—	—	—	—	—	—	—	—	—
Fer: de tréfilerie	—	—	—	—	—	—	330	—	—	—	—	—	—	—	—
Cuivre pur: de première fusion	—	—	—	—	—	—	—	—	—	1.162	—	—	261	—	—
Cuivre pur: laminé	—	—	—	15.110	—	—	17.366	—	—	14.243	—	—	7.306	—	—
Cuivre allié de zinc: laminé	—	—	—	—	—	—	2.050	—	—	—	—	—	—	—	—
Cuivre allié de zinc: filé poli	—	—	—	—	—	—	—	—	—	—	—	—	—	—	—
Plomb: minéral	311	—	—	—	—	—	525	—	—	—	—	—	165	—	—
Plomb: battu ou laminé	13.215	—	—	11.006	—	—	21.213	—	—	21.065	—	—	—	—	—
Étain brut	—	—	—	—	—	—	—	—	—	—	—	—	—	—	—
Zinc: de première fusion	—	—	—	—	—	—	—	—	—	—	—	—	—	—	—
Zinc: laminé	1	—	—	916	—	—	—	—	—	2.213	—	—	1.336	—	—
Or: battu en feuilles	—	—	—	—	—	—	—	—	—	3	—	—	—	—	—
Or: filé sur soie	—	—	—	—	—	—	2	—	—	10	—	—	10	—	—
Argent battu, tiré, filé	—	—	—	—	—	—	1	—	—	—	—	—	—	—	—
Produits chimiques.															
Acides: citrique de 35 degrés et au-dessous	—	—	—	—	—	—	—	—	—	91	—	—	—	—	—
Acides: nitrique	86	—	—	—	—	—	129	—	—	863	—	—	155	—	—
Acides: hydrochlorique	37	—	—	—	—	—	35	—	—	41	—	—	—	—	—
Acides: tartrique	—	—	—	—	—	—	266	—	—	900	—	—	—	—	—
Acides: stéarique ouvré	—	—	—	—	—	—	—	—	—	—	—	—	—	—	—
Potasse	—	—	—	—	—	—	—	—	—	93	—	—	—	—	—
Soude: brute	3.789	—	—	6.349	—	—	14.364	—	—	52.966	—	—	15.366	—	—
Soude: cristaux de soude	—	—	—	—	—	—	—	—	—	—	—	—	600	—	—
Sel de soude	—	—	—	—	—	—	—	—	—	—	—	—	—	—	—
Oxyde de plomb (minium)	—	—	—	—	—	—	—	—	—	—	—	—	—	—	—
Iodure de potassium	—	—	—	—	—	—	63	—	—	165	—	—	—	—	—
Nitrate de potasse	—	—	—	—	—	—	—	—	—	187	—	—	—	—	—
Sulfates: de cuivre	—	—	—	—	—	—	—	—	—	—	—	—	100	—	—
Sulfates: de quinine	16	—	—	117	—	—	84	—	—	—	—	—	—	—	—
Sulfates: autres	—	—	—	—	—	—	1.100	—	—	—	—	—	—	—	—
Sel de marais	—	—	—	—	—	—	—	—	—	—	—	—	—	—	—
Tartre brut	—	—	—	40	—	—	—	—	—	—	—	—	—	—	—
Crème de tartre	58	—	—	1.120	—	—	783	—	—	630	—	—	—	—	—
Acétate de cuivre: vert	—	—	—	—	—	—	—	—	—	120	—	—	—	—	—
Acétate de cuivre: cristallisé	725	—	—	—	—	—	116	—	—	—	—	—	—	—	—
Produits chimiques non dénommés	57	—	—	690	—	—	174	—	—	65	—	—	597	—	—

1853. Poids. K.	1853. Valeur. FR.	1853. Autres unités.	1854. Poids. K.	1854. Valeur. FR.	1854. Autres unités.	1855. Poids. K.	1855. Valeur. FR.	1855. Autres unités.	1856. Poids. K.	1856. Valeur. FR.	1856. Autres unités.	1857. Poids. K.	1857. Valeur. FR.	1857. Autres unités.	TOTAUX. Poids. K.	TOTAUX. Valeur. FR.	TOTAUX. Autres unités.
		[illegible]			[illegible]			[illegible]			[illegible]			[illegible]			
29.843	—	—	12.536	—	—	37.701	—	—	165.965	—	—	189.071	—	—	471.890	—	—
893	—	—	1.534	—	—	4.001	—	—	—	—	—	3.046	—	—	41.290	—	—
[illegible]	—	—	—	—	—	—	—	—	—	—	—	—	—	—	505	—	—
[illegible]	—	—	370	—	—	512	—	—	—	—	—	—	—	—	370	—	—
120	—	—	—	—	—	1.132	—	—	1.136	—	—	4.373	—	—	11.651	—	—
2.143	—	—	2.545	—	—	3.107	—	—	12.798	—	—	11.265	—	—	34.143	—	—
—	2.106	—	[illegible]	1.322	—	—	2.977	—	—	45.344	—	—	11.954	—	—	36.490	—
—	—	—	371	—	—	656	—	—	[illegible]	—	—	211	—	—	1.730	—	—
4.261	—	—	4.374	—	—	12.891	—	—	9.574	—	—	10.348	—	—	67.190	—	—
90.824	—	—	55.469	—	—	134.136	—	—	156.927	—	—	263.091	—	—	1.129.654	—	—
2.110	—	—	21.035	—	—	—	—	—	6.436	—	—	6.044	—	—	30.199	—	—
8.110	—	—	6.236	—	—	88.335	—	—	11.168	—	—	41.309	—	—	50.633	—	—
1.534	—	—	—	—	—	—	—	—	2.892	—	—	—	—	—	49.865	—	—
55	—	—	140	—	—	—	—	—	117	—	—	432	—	—	805	—	—
49	—	—	181	—	—	255	—	—	255	—	—	139	—	—	162	—	—
—	—	—	[illegible]	—	—	14	—	—	54	—	—	224	—	—	810	—	—
—	—	—	[illegible]	—	—	—	—	—	[illegible]	—	—	—	—	—	613	—	—
1.650	—	—	2.582	—	—	11.531	—	—	5.316	—	—	4.895	—	—	32.949	—	—
60	—	—	—	—	—	—	—	—	—	—	—	—	—	—	190	—	—
—	—	—	—	—	—	—	—	—	—	—	—	10	—	—	231	—	—
105	—	—	—	—	—	—	—	—	200	—	—	263	—	—	592	—	—
[illegible]	—	—	—	—	—	—	—	—	—	—	—	—	—	—	—	—	—
—	—	—	—	—	—	—	—	—	—	—	—	—	—	—	98	369	—
38	—	—	65	—	—	—	—	—	—	—	—	389	—	—	537	—	—
213	—	—	474	—	—	550	—	—	1.589	—	—	4.060	—	—	6.196	—	—
—	—	—	—	—	—	480	—	—	—	—	—	437	—	—	695	—	—
40	—	—	170	—	—	6	—	—	—	—	—	—	—	—	803	—	—
—	—	—	—	—	—	—	—	—	—	—	—	—	—	—	56	—	—
42	—	—	56	—	—	32	—	—	340	—	—	54	—	—	85	—	—
—	—	—	—	—	—	—	—	—	—	—	—	—	—	—	930	—	—
—	—	—	—	—	—	—	—	—	—	—	—	—	—	—	4	—	—
—	—	—	—	—	—	—	—	—	10	—	—	11	—	—	12	—	—
—	—	—	—	—	—	—	—	—	—	—	—	—	—	—	29	—	—
—	—	—	—	—	—	—	—	—	—	—	—	—	—	—	22	—	—
—	—	—	—	—	—	645	—	—	663	—	—	286	—	—	1.833	—	—

EXPORTATIONS GÉNÉRALES DE MARSEILLE A DESTINATION DE LA GRÈCE.

DÉSIGNATION DES MARCHANDISES.	1848. Poids. k.	1848. Valeur. fr.	1848. Autres unités.	1849. Poids. k.	1849. Valeur. fr.	1849. Autres unités.	1850. Poids. k.	1850. Valeur. fr.	1850. Autres unités.	1851. Poids. k.	1851. Valeur. fr.	1851. Autres unités.	1852. Poids. k.	1852. Valeur. fr.	1852. Autres unités.
Tissus de bourre de soie.															
Cravates	—	—	—	—	—	—	—	—	—	—	—	—	—	—	—
Tissus de laine.															
Couvertures	—	—	—	—	—	—	41	—	—	153	—	—	654	—	—
Tapis	—	—	—	38	—	—	—	—	—	36	—	—	175	—	—
Mérinos	61	—	—	116	—	—	172	—	—	154	—	—	868	—	—
Draps	10.183	—	—	11.066	—	—	5.135	—	—	6.920	—	—	166.855	—	—
Étoffes diverses	488	—	—	977	—	—	530	—	—	691	—	—	391	—	—
Châles	241	—	—	635	—	—	260	—	—	—	—	—	—	—	—
Bonneterie	98	—	—	51	—	—	—	—	—	1.457	—	—	11	—	—
Passementerie et rubannerie de pure laine	—	—	—	65	—	—	—	—	—	91	—	—	3	—	—
Étoffes mélangées	239	—	—	765	—	—	548	—	—	1.357	—	—	694	—	—
Tissus de coton.															
Toiles perçales et calicots écrues et blanches	738	—	—	1.294	—	—	965	—	—	348	—	—	416	—	—
Toiles perçales et calicots teintes	255	—	—	—	—	—	156	—	—	270	—	—	172	—	—
Toiles perçales et calicots imprimées	423	—	—	487	—	—	899	—	—	6.175	—	—	1.036	—	—
Linge de table, en pièces	905	—	—	89	—	—	58	—	—	—	—	—	—	—	—
Châles et mouchoirs	651	—	—	199	—	—	1.658	—	—	1.365	—	—	19	—	—
Mousseline	402	—	—	—	—	—	—	—	—	[illegible]	—	—	73	—	—
Couvertures	616	—	—	1.481	—	—	—	—	—	[illegible]	—	—	4	—	—
Tulle	—	—	—	—	—	—	—	—	—	19	—	—	—	—	—
Bonneterie	437	—	—	161	—	—	—	—	—	264	—	—	437	—	—
Passementerie et rubannerie	—	—	—	160	—	—	184	—	—	—	—	—	475	—	—
Étoffes mélangées	49	—	—	38	—	—	445	—	—	1.600	—	—	597	—	—
Papiers et ses applications.															
Carton en feuilles et autres	160	—	—	—	—	—	—	—	—	—	—	—	—	—	—
Carton moulé	—	—	—	—	—	—	—	—	—	134	—	—	—	—	—
Carton coupé et assemblé	21	—	—	—	—	—	—	—	—	[illegible]	—	—	—	—	—
Papier blanc	35.548	—	—	59.379	—	—	39.161	—	—	37.504	—	—	27.979	—	—
Papier coloré	—	—	—	—	—	—	19	—	—	490	—	—	—	—	—
Papier d'enveloppe	292	—	—	25.390	—	—	15.960	—	—	22.725	—	—	29.845	—	—
Papier peint, etc.	60	—	—	—	—	—	—	—	—	1.300	—	—	60	—	—
Livres en langues mortes ou étrangères	—	—	—	—	—	—	—	—	—	129	—	—	—	—	—
Livres en langue française	4.351	—	—	1.575	—	—	1.935	—	—	2.360	—	—	1.960	—	—
Gravures et lithographies	160	—	—	—	—	—	3	—	—	800	—	—	—	—	—
Cartes géographiques	48	—	—	—	—	—	—	—	—	—	—	—	—	—	—
Cartes à jouer	65	—	—	184	—	—	494	—	—	105	—	—	105	—	—

DÉSIGNATION DES MARCHANDISES.	1853. Poids. k.	1853. Valeur. fr.	1853. Autres unités.	1854. Poids. k.	1854. Valeur. fr.	1854. Autres unités.	1855. Poids. k.	1855. Valeur. fr.	1855. Autres unités.	1856. Poids. k.	1856. Valeur. fr.	1856. Autres unités.	1857. Poids. k.	1857. Valeur. fr.	1857. Autres unités.	TOTAUX. Poids. k.	TOTAUX. Valeur. fr.	TOTAUX. Autres unités.
Tissus de bourre de soie.																		
Cravates	31	—	—	—	—	—	—	—	—	—	—	—	610	—	—	1 180	—	—
Tissus de laine.																		
Couvertures	[illegible]	—	—	[illegible]	—	—	[illegible]	—	—	[illegible]	—	—	[illegible]	—	—	[illegible]	—	—
Tapis	[illegible]	—	—	[illegible]	—	—	[illegible]	—	—	[illegible]	—	—	[illegible]	—	—	[illegible]	—	—
Mérinos	[illegible]	—	—	[illegible]	—	—	[illegible]	—	—	[illegible]	—	—	[illegible]	—	—	[illegible]	—	—
Draps	[illegible]	—	—	[illegible]	—	—	[illegible]	—	—	[illegible]	—	—	[illegible]	—	—	[illegible]	—	—
Étoffes diverses	[illegible]	—	—	[illegible]	—	—	[illegible]	—	—	[illegible]	—	—	[illegible]	—	—	[illegible]	—	—
Châles	[illegible]	—	—	[illegible]	—	—	[illegible]	—	—	[illegible]	—	—	[illegible]	—	—	[illegible]	—	—
Bonneterie	[illegible]	—	—	[illegible]	—	—	[illegible]	—	—	[illegible]	—	—	[illegible]	—	—	[illegible]	—	—
Passementerie et rubannerie de pure laine	[illegible]	—	—	[illegible]	—	—	[illegible]	—	—	[illegible]	—	—	[illegible]	—	—	[illegible]	—	—
Étoffes mélangées	[illegible]	—	—	[illegible]	—	—	[illegible]	—	—	[illegible]	—	—	[illegible]	—	—	[illegible]	—	—
Tissus de coton.																		
Toiles perçales et calicots écrues et blanches	[illegible]	—	—	[illegible]	—	—	[illegible]	—	—	[illegible]	—	—	[illegible]	—	—	[illegible]	—	—
Toiles perçales et calicots teintes	[illegible]	—	—	[illegible]	—	—	[illegible]	—	—	[illegible]	—	—	[illegible]	—	—	[illegible]	—	—
Toiles perçales et calicots imprimées	[illegible]	—	—	[illegible]	—	—	[illegible]	—	—	[illegible]	—	—	[illegible]	—	—	[illegible]	—	—
Linge de table, en pièces	[illegible]	—	—	[illegible]	—	—	[illegible]	—	—	[illegible]	—	—	[illegible]	—	—	[illegible]	—	—
Châles et mouchoirs	[illegible]	—	—	[illegible]	—	—	[illegible]	—	—	[illegible]	—	—	[illegible]	—	—	[illegible]	—	—
Mousseline	[illegible]	—	—	[illegible]	—	—	[illegible]	—	—	[illegible]	—	—	[illegible]	—	—	[illegible]	—	—
Couvertures	[illegible]	—	—	[illegible]	—	—	[illegible]	—	—	[illegible]	—	—	[illegible]	—	—	[illegible]	—	—
Tulle	[illegible]	—	—	[illegible]	—	—	[illegible]	—	—	[illegible]	—	—	[illegible]	—	—	[illegible]	—	—
Bonneterie	[illegible]	—	—	[illegible]	—	—	[illegible]	—	—	[illegible]	—	—	[illegible]	—	—	[illegible]	—	—
Passementerie et rubannerie	[illegible]	—	—	[illegible]	—	—	[illegible]	—	—	[illegible]	—	—	[illegible]	—	—	[illegible]	—	—
Étoffes mélangées	[illegible]	—	—	[illegible]	—	—	[illegible]	—	—	[illegible]	—	—	[illegible]	—	—	[illegible]	—	—
Papiers et ses applications.																		
Carton en feuilles et autres	—	—	[illegible]	—	—	[illegible]	—	—	[illegible]	—	—	[illegible]	—	—	[illegible]	—	—	[illegible]
Carton moulé	—	—	[illegible]	—	—	[illegible]	—	—	[illegible]	—	—	[illegible]	—	—	[illegible]	—	—	[illegible]
Carton coupé et assemblé	—	—	[illegible]	—	—	[illegible]	—	—	[illegible]	—	—	[illegible]	—	—	[illegible]	—	—	[illegible]
Papier blanc	—	—	[illegible]	—	—	[illegible]	—	—	[illegible]	—	—	[illegible]	—	—	[illegible]	—	—	[illegible]
Papier coloré	—	—	[illegible]	—	—	[illegible]	—	—	[illegible]	—	—	[illegible]	—	—	[illegible]	—	—	[illegible]
Papier d'enveloppe	—	—	[illegible]	—	—	[illegible]	—	—	[illegible]	—	—	[illegible]	—	—	[illegible]	—	—	[illegible]
Papier peint, etc.	—	—	[illegible]	—	—	[illegible]	—	—	[illegible]	—	—	[illegible]	—	—	[illegible]	—	—	[illegible]
Livres en langues mortes ou étrangères	—	—	[illegible]	—	—	[illegible]	—	—	[illegible]	—	—	[illegible]	—	—	[illegible]	—	—	[illegible]
Livres en langue française	—	—	[illegible]	—	—	[illegible]	—	—	[illegible]	—	—	[illegible]	—	—	[illegible]	—	—	[illegible]
Gravures et lithographies	—	—	[illegible]	—	—	[illegible]	—	—	[illegible]	—	—	[illegible]	—	—	[illegible]	—	—	[illegible]
Cartes géographiques	—	—	[illegible]	—	—	[illegible]	—	—	[illegible]	—	—	[illegible]	—	—	[illegible]	—	—	[illegible]
Cartes à jouer	[illegible]	—	[illegible]	[illegible]	—	[illegible]	[illegible]	—	[illegible]	[illegible]	—	[illegible]	[illegible]	—	[illegible]	[illegible]	—	[illegible]

EXPORTATIONS GÉNÉRALES DE MARSEILLE A DESTINATION DE LA GRÈCE.

DÉSIGNATION DES MARCHANDISES.	1848. Poids k.	1848. Valeur. fr.	1848. Autres unités.	1849. Poids k.	1849. Valeur. fr.	1849. Autres unités.	1850. Poids k.	1850. Valeur. fr.	1850. Autres unités.	1851. Poids k.	1851. Valeur. fr.	1851. Autres unités.	1852. Poids k.	1852. Valeur. fr.	1852. Autres unités.
			[illegible]			[illegible]			[illegible]			[illegible]			[illegible]
Vitrifications.															
Poterie de terre grossière	21.793	—	—	25.952	—	—	36.810	—	—	26.858	—	—	2.380	—	—
Poterie de terre faïence	1.450	—	—	1.926	—	—	7.133	—	—	433	—	—	2.420	—	—
Poterie de grès commune	96	—	—	—	—	—	195	—	—	—	—	—	—	—	—
Poterie de grès fine	—	—	—	—	—	—	—	—	—	—	—	—	—	—	—
Porcelaine commune	1.439	—	—	760	—	—	985	—	—	1.702	—	—	950	—	—
Porcelaine fine	400	—	—	1.476	—	—	4.128	—	—	910	—	—	2.147	—	—
Miroirs grands	—	—	—	—	—	—	—	—	—	—	—	—	—	—	—
Miroirs petits	86	5.420	—	580	4.583	—	—	3.810	—	550	2.430	—	—	485	—
Bouteilles Pleines	4.374	—	—	5.106	—	—	2.000	—	—	8.219	—	—	2.297	—	—
Bouteilles Vides	45.449	—	—	180.395	—	—	147.047	—	—	20.891	—	—	13.769	—	—
Cristaux	319	—	—	1.083	—	—	305	—	—	1.083	—	—	855	—	—
Gobeleterie	—	—	—	—	—	—	—	—	—	—	—	—	—	—	—
Verroterie	4.061	—	—	4.390	—	—	6.455	—	—	1.405	—	—	3.083	—	—
Fils.															
De lin ou de chanvre écrus	—	—	—	—	—	—	—	—	—	—	—	—	—	—	—
De coton	—	—	—	—	—	—	—	—	—	—	—	—	—	—	—
De laine et autres blanchis	—	—	—	—	—	—	—	—	—	61	—	—	—	—	—
De laine et autres teints	—	—	—	—	—	—	—	—	—	14	—	—	730	—	—
Tissus de lin ou de chanvre.															
Toile écrue	—	—	—	1.340	—	—	330	—	—	46	—	—	791	—	—
Toile blanche	—	—	—	—	—	—	136	—	—	—	—	—	—	—	—
Toile teinte	—	—	—	154	—	—	—	—	—	94	—	—	—	—	—
Toile croisée	—	—	—	—	—	—	—	—	—	—	—	—	—	—	—
Linge de table écru	—	—	—	—	—	—	—	—	—	—	—	—	—	—	—
Linge de table blanc	—	—	—	—	—	—	—	—	—	—	—	—	—	—	—
Dentelles	—	—	—	—	—	—	24	300	—	—	—	—	—	—	—
Tissus de soie.															
Foulards imprimés	459	—	—	78	—	—	30	—	—	111	—	—	—	—	—
Étoffes pures unies et autres	700	—	—	391	—	—	319	—	—	350	—	—	331	—	—
Étoffes pures façonnées	145	—	—	54	—	—	120	—	—	56	—	—	3	—	—
Étoffes pures brochées de soie	—	—	—	493	—	—	78	—	—	4	—	—	—	—	—
Étoffes pures — d'or ou d'argent faux	—	—	—	30	—	—	—	—	—	—	—	—	—	—	—
Étoffes mêlées d'autres matières	50	—	—	—	—	—	28	—	—	—	—	—	—	—	—
Crêpe	26	—	—	410	—	—	46	—	—	336	—	—	—	—	—
Bonneterie	—	—	—	—	—	—	—	—	—	8	—	—	—	—	—
Passementerie d'or ou d'argent fin	—	—	—	—	—	—	14	—	—	—	—	—	—	—	—
Passementerie de soie pure	—	—	—	—	—	—	4	—	—	—	—	—	—	—	—
Passementerie de soie mêlée d'or ou d'argent	—	—	—	—	—	—	4	—	—	4	—	—	14	—	—
Rubans	360	—	—	105	—	—	40	—	—	198	—	—	—	—	—

DÉSIGNATION DES MARCHANDISES.	1853. Poids k.	1853. Valeur. fr.	1853. Autres unités.	1854. Poids k.	1854. Valeur. fr.	1854. Autres unités.	1855. Poids k.	1855. Valeur. fr.	1855. Autres unités.	1856. Poids k.	1856. Valeur. fr.	1856. Autres unités.	1857. Poids k.	1857. Valeur. fr.	1857. Autres unités.	TOTAUX. Poids k.	TOTAUX. Valeur fr.	TOTAUX. Autres unités.
			[illegible]			[illegible]			[illegible]			[illegible]			[illegible]			
	[illegible]	—	—	93	—	—	—	—	—	119	—	—	383	—	—	593	—	—
	—	—	—	—	—	—	301	—	—	358	—	—	784	—	—	2.217	—	—
	20	—	—	14	—	—	300	—	—	109	—	—	350	—	—	4.843	—	—
	—	—	—	474	—	—	358	—	—	176	—	—	1.099	—	—	2.944	—	—
	277	—	—	465.951	—	—	15.320	—	—	15.957	—	—	24.306	—	—	665.065	—	—
	474.888	—	—	445	—	—	905	—	—	4.121	—	—	5.265	—	—	144.429	—	—
	504	—	—	84	—	—	—	—	—	79	—	—	885	—	—	4.907	—	—
	—	—	—	85	—	—	85	—	—	—	—	—	441	—	—	8.833	—	—
	19	—	—	—	—	—	3	—	—	348	—	—	27	—	—	437	—	—
	164	—	—	363	—	—	333	—	—	1.795	—	—	3.863	—	—	12.454	—	—
	—	—	—	470	—	—	2.596	—	—	6.081	—	—	5.943	—	—	14.330	—	—
	334	—	—	848	—	—	186	—	—	1.700	—	—	1.186	—	—	6.098	—	—
	4.444	—	—	4.549	—	—	906	—	—	3.000	—	—	7.333	—	—	20.067	—	—
	—	—	—	—	—	—	—	—	—	—	—	—	80	—	—	1.139	—	—
	305	—	—	40	—	—	42	—	—	7	—	—	2	—	—	2.093	—	—
	—	—	—	—	—	—	—	—	—	449	—	—	123	—	—	847	—	—
	—	—	—	—	—	—	—	—	—	—	—	—	304	—	—	4.306	—	—
	—	—	—	—	—	—	—	—	—	—	—	—	—	—	—	19	—	—
	281	—	—	858	—	—	921	—	—	434	—	—	3.309	—	—	4.928	—	—
	470	—	—	593	—	—	652	—	—	453	—	—	3.017	—	—	8.474	—	—
	730	—	—	1.934	—	—	461	—	—	9.196	—	—	4.495	—	—	19.344	—	—
	—	—	—	—	—	—	337	—	—	300	—	—	4.194	—	—	3.088	—	—
	478	—	—	—	—	—	—	—	—	—	—	—	—	—	—	1.889	—	—
	17	—	—	—	—	—	—	—	—	145	—	—	509	—	—	1.130	—	—
	563	—	—	80.347	—	—	450.109	—	—	430.134	—	—	100.297	—	—	849.799	—	—
	87.486	—	—	—	—	—	—	—	—	430	—	—	100	—	—	29.384	—	—
	144	—	—	44.487	—	—	83.145	—	—	27.979	—	—	21.394	—	—	251.043	—	—
	23.516	—	—	4.239	—	—	6.074	—	—	446	—	—	140	—	—	48.019	—	—
	300	—	—	—	—	—	—	—	—	24	—	—	—	—	—	348	—	—
	—	—	—	410	—	—	400	—	—	5.950	—	—	4.802	—	—	23.472	—	—
	3.293	—	—	30	—	—	104	—	—	4.083	—	—	895	—	—	4.224	—	—
	—	—	—	—	—	—	—	—	—	—	—	—	—	—	—	14	—	—
	59	—	—	138	—	—	780	—	—	450	—	—	278	—	—	2.694	—	—

EXPORTATIONS GÉNÉRALES DE MARSEILLE A DESTINATION DE LA GRÈCE.

DÉSIGNATION DES MARCHANDISES.	1848. Poids k.	1848. Valeur. fr.	1848. Autres unités.	1849. Poids k.	1849. Valeur. fr.	1849. Autres unités.	1850. Poids k.	1850. Valeur. fr.	1850. Autres unités.	1851. Poids k.	1851. Valeur. fr.	1851. Autres unités.	1852. Poids k.	1852. Valeur. fr.	1852. Autres unités.	1853. Poids k.	1853. Valeur. fr.	1853. Autres unités.	1854. Poids k.	1854. Valeur. fr.	1854. Autres unités.	1855. Poids k.	1855. Valeur. fr.	1855. Autres unités.	1856. Poids k.	1856. Valeur. fr.	1856. Autres unités.	1857. Poids k.	1857. Valeur. fr.	1857. Autres unités.	TOTAUX. Poids k.	TOTAUX. Valeur. fr.	TOTAUX. Autres unités.
Ouvrages en matières diverses.																																	
Peaux préparées en tan, simplement tannées, grandes	[illegible]	[illegible]	[illegible]	[illegible]	[illegible]	[illegible]	[illegible]	[illegible]	[illegible]	[illegible]	[illegible]	[illegible]	[illegible]	[illegible]	[illegible]	[illegible]	[illegible]	[illegible]	[illegible]	[illegible]	[illegible]	[illegible]	[illegible]	[illegible]	[illegible]	[illegible]	[illegible]	[illegible]	[illegible]	[illegible]	[illegible]	[illegible]	[illegible]
— — petites	[illegible]	[illegible]	[illegible]	[illegible]	[illegible]	[illegible]	[illegible]	[illegible]	[illegible]	[illegible]	[illegible]	[illegible]	[illegible]	[illegible]	[illegible]	[illegible]	[illegible]	[illegible]	[illegible]	[illegible]	[illegible]	[illegible]	[illegible]	[illegible]	[illegible]	[illegible]	[illegible]	[illegible]	[illegible]	[illegible]	[illegible]	[illegible]	[illegible]
— corroyées, p. tiges de bottes	[illegible]	[illegible]	[illegible]	[illegible]	[illegible]	[illegible]	[illegible]	[illegible]	[illegible]	[illegible]	[illegible]	[illegible]	[illegible]	[illegible]	[illegible]	[illegible]	[illegible]	[illegible]	[illegible]	[illegible]	[illegible]	[illegible]	[illegible]	[illegible]	[illegible]	[illegible]	[illegible]	[illegible]	[illegible]	[illegible]	[illegible]	[illegible]	[illegible]
— — autres	[illegible]	[illegible]	[illegible]	[illegible]	[illegible]	[illegible]	[illegible]	[illegible]	[illegible]	[illegible]	[illegible]	[illegible]	[illegible]	[illegible]	[illegible]	[illegible]	[illegible]	[illegible]	[illegible]	[illegible]	[illegible]	[illegible]	[illegible]	[illegible]	[illegible]	[illegible]	[illegible]	[illegible]	[illegible]	[illegible]	[illegible]	[illegible]	[illegible]
— autres	[illegible]	[illegible]	[illegible]	[illegible]	[illegible]	[illegible]	[illegible]	[illegible]	[illegible]	[illegible]	[illegible]	[illegible]	[illegible]	[illegible]	[illegible]	[illegible]	[illegible]	[illegible]	[illegible]	[illegible]	[illegible]	[illegible]	[illegible]	[illegible]	[illegible]	[illegible]	[illegible]	[illegible]	[illegible]	[illegible]	[illegible]	[illegible]	[illegible]
Ouvrages en peau, gants	[illegible]	[illegible]	[illegible]	[illegible]	[illegible]	[illegible]	[illegible]	[illegible]	[illegible]	[illegible]	[illegible]	[illegible]	[illegible]	[illegible]	[illegible]	[illegible]	[illegible]	[illegible]	[illegible]	[illegible]	[illegible]	[illegible]	[illegible]	[illegible]	[illegible]	[illegible]	[illegible]	[illegible]	[illegible]	[illegible]	[illegible]	[illegible]	[illegible]
— sellerie et autres	[illegible]	[illegible]	[illegible]	[illegible]	[illegible]	[illegible]	[illegible]	[illegible]	[illegible]	[illegible]	[illegible]	[illegible]	[illegible]	[illegible]	[illegible]	[illegible]	[illegible]	[illegible]	[illegible]	[illegible]	[illegible]	[illegible]	[illegible]	[illegible]	[illegible]	[illegible]	[illegible]	[illegible]	[illegible]	[illegible]	[illegible]	[illegible]	[illegible]
— autres ouvrages	[illegible]	[illegible]	[illegible]	[illegible]	[illegible]	[illegible]	[illegible]	[illegible]	[illegible]	[illegible]	[illegible]	[illegible]	[illegible]	[illegible]	[illegible]	[illegible]	[illegible]	[illegible]	[illegible]	[illegible]	[illegible]	[illegible]	[illegible]	[illegible]	[illegible]	[illegible]	[illegible]	[illegible]	[illegible]	[illegible]	[illegible]	[illegible]	[illegible]
Feutres, chapeaux	[illegible]	[illegible]	[illegible]	[illegible]	[illegible]	[illegible]	[illegible]	[illegible]	[illegible]	[illegible]	[illegible]	[illegible]	[illegible]	[illegible]	[illegible]	[illegible]	[illegible]	[illegible]	[illegible]	[illegible]	[illegible]	[illegible]	[illegible]	[illegible]	[illegible]	[illegible]	[illegible]	[illegible]	[illegible]	[illegible]	[illegible]	[illegible]	[illegible]
— autres ouvrages	[illegible]	[illegible]	[illegible]	[illegible]	[illegible]	[illegible]	[illegible]	[illegible]	[illegible]	[illegible]	[illegible]	[illegible]	[illegible]	[illegible]	[illegible]	[illegible]	[illegible]	[illegible]	[illegible]	[illegible]	[illegible]	[illegible]	[illegible]	[illegible]	[illegible]	[illegible]	[illegible]	[illegible]	[illegible]	[illegible]	[illegible]	[illegible]	[illegible]
Chapeaux de paille	[illegible]	[illegible]	[illegible]	[illegible]	[illegible]	[illegible]	[illegible]	[illegible]	[illegible]	[illegible]	[illegible]	[illegible]	[illegible]	[illegible]	[illegible]	[illegible]	[illegible]	[illegible]	[illegible]	[illegible]	[illegible]	[illegible]	[illegible]	[illegible]	[illegible]	[illegible]	[illegible]	[illegible]	[illegible]	[illegible]	[illegible]	[illegible]	[illegible]
Vannerie fine	[illegible]	[illegible]	[illegible]	[illegible]	[illegible]	[illegible]	[illegible]	[illegible]	[illegible]	[illegible]	[illegible]	[illegible]	[illegible]	[illegible]	[illegible]	[illegible]	[illegible]	[illegible]	[illegible]	[illegible]	[illegible]	[illegible]	[illegible]	[illegible]	[illegible]	[illegible]	[illegible]	[illegible]	[illegible]	[illegible]	[illegible]	[illegible]	[illegible]
— brute	[illegible]	[illegible]	[illegible]	[illegible]	[illegible]	[illegible]	[illegible]	[illegible]	[illegible]	[illegible]	[illegible]	[illegible]	[illegible]	[illegible]	[illegible]	[illegible]	[illegible]	[illegible]	[illegible]	[illegible]	[illegible]	[illegible]	[illegible]	[illegible]	[illegible]	[illegible]	[illegible]	[illegible]	[illegible]	[illegible]	[illegible]	[illegible]	[illegible]
Cordages de chanvre	[illegible]	[illegible]	[illegible]	[illegible]	[illegible]	[illegible]	[illegible]	[illegible]	[illegible]	[illegible]	[illegible]	[illegible]	[illegible]	[illegible]	[illegible]	[illegible]	[illegible]	[illegible]	[illegible]	[illegible]	[illegible]	[illegible]	[illegible]	[illegible]	[illegible]	[illegible]	[illegible]	[illegible]	[illegible]	[illegible]	[illegible]	[illegible]	[illegible]
— de sparterie	[illegible]	[illegible]	[illegible]	[illegible]	[illegible]	[illegible]	[illegible]	[illegible]	[illegible]	[illegible]	[illegible]	[illegible]	[illegible]	[illegible]	[illegible]	[illegible]	[illegible]	[illegible]	[illegible]	[illegible]	[illegible]	[illegible]	[illegible]	[illegible]	[illegible]	[illegible]	[illegible]	[illegible]	[illegible]	[illegible]	[illegible]	[illegible]	[illegible]
Liége ouvré	[illegible]	[illegible]	[illegible]	[illegible]	[illegible]	[illegible]	[illegible]	[illegible]	[illegible]	[illegible]	[illegible]	[illegible]	[illegible]	[illegible]	[illegible]	[illegible]	[illegible]	[illegible]	[illegible]	[illegible]	[illegible]	[illegible]	[illegible]	[illegible]	[illegible]	[illegible]	[illegible]	[illegible]	[illegible]	[illegible]	[illegible]	[illegible]	[illegible]
Orfèvrerie d'argent	[illegible]	[illegible]	[illegible]	[illegible]	[illegible]	[illegible]	[illegible]	[illegible]	[illegible]	[illegible]	[illegible]	[illegible]	[illegible]	[illegible]	[illegible]	[illegible]	[illegible]	[illegible]	[illegible]	[illegible]	[illegible]	[illegible]	[illegible]	[illegible]	[illegible]	[illegible]	[illegible]	[illegible]	[illegible]	[illegible]	[illegible]	[illegible]	[illegible]
Bijouterie d'or et autres	[illegible]	[illegible]	[illegible]	[illegible]	[illegible]	[illegible]	[illegible]	[illegible]	[illegible]	[illegible]	[illegible]	[illegible]	[illegible]	[illegible]	[illegible]	[illegible]	[illegible]	[illegible]	[illegible]	[illegible]	[illegible]	[illegible]	[illegible]	[illegible]	[illegible]	[illegible]	[illegible]	[illegible]	[illegible]	[illegible]	[illegible]	[illegible]	[illegible]
— d'argent et autres	[illegible]	[illegible]	[illegible]	[illegible]	[illegible]	[illegible]	[illegible]	[illegible]	[illegible]	[illegible]	[illegible]	[illegible]	[illegible]	[illegible]	[illegible]	[illegible]	[illegible]	[illegible]	[illegible]	[illegible]	[illegible]	[illegible]	[illegible]	[illegible]	[illegible]	[illegible]	[illegible]	[illegible]	[illegible]	[illegible]	[illegible]	[illegible]	[illegible]
Plaqués	[illegible]	[illegible]	[illegible]	[illegible]	[illegible]	[illegible]	[illegible]	[illegible]	[illegible]	[illegible]	[illegible]	[illegible]	[illegible]	[illegible]	[illegible]	[illegible]	[illegible]	[illegible]	[illegible]	[illegible]	[illegible]	[illegible]	[illegible]	[illegible]	[illegible]	[illegible]	[illegible]	[illegible]	[illegible]	[illegible]	[illegible]	[illegible]	[illegible]
Montres à [illegible]	[illegible]	[illegible]	[illegible]	[illegible]	[illegible]	[illegible]	[illegible]	[illegible]	[illegible]	[illegible]	[illegible]	[illegible]	[illegible]	[illegible]	[illegible]	[illegible]	[illegible]	[illegible]	[illegible]	[illegible]	[illegible]	[illegible]	[illegible]	[illegible]	[illegible]	[illegible]	[illegible]	[illegible]	[illegible]	[illegible]	[illegible]	[illegible]	[illegible]
Pendules	[illegible]	[illegible]	[illegible]	[illegible]	[illegible]	[illegible]	[illegible]	[illegible]	[illegible]	[illegible]	[illegible]	[illegible]	[illegible]	[illegible]	[illegible]	[illegible]	[illegible]	[illegible]	[illegible]	[illegible]	[illegible]	[illegible]	[illegible]	[illegible]	[illegible]	[illegible]	[illegible]	[illegible]	[illegible]	[illegible]	[illegible]	[illegible]	[illegible]
Fournitures d'horlogerie	[illegible]	[illegible]	[illegible]	[illegible]	[illegible]	[illegible]	[illegible]	[illegible]	[illegible]	[illegible]	[illegible]	[illegible]	[illegible]	[illegible]	[illegible]	[illegible]	[illegible]	[illegible]	[illegible]	[illegible]	[illegible]	[illegible]	[illegible]	[illegible]	[illegible]	[illegible]	[illegible]	[illegible]	[illegible]	[illegible]	[illegible]	[illegible]	[illegible]
Machines et mécaniques, à vapeur	[illegible]	[illegible]	[illegible]	[illegible]	[illegible]	[illegible]	[illegible]	[illegible]	[illegible]	[illegible]	[illegible]	[illegible]	[illegible]	[illegible]	[illegible]	[illegible]	[illegible]	[illegible]	[illegible]	[illegible]	[illegible]	[illegible]	[illegible]	[illegible]	[illegible]	[illegible]	[illegible]	[illegible]	[illegible]	[illegible]	[illegible]	[illegible]	[illegible]
— autres qu'à vapeur	[illegible]	[illegible]	[illegible]	[illegible]	[illegible]	[illegible]	[illegible]	[illegible]	[illegible]	[illegible]	[illegible]	[illegible]	[illegible]	[illegible]	[illegible]	[illegible]	[illegible]	[illegible]	[illegible]	[illegible]	[illegible]	[illegible]	[illegible]	[illegible]	[illegible]	[illegible]	[illegible]	[illegible]	[illegible]	[illegible]	[illegible]	[illegible]	[illegible]
— Pièces détachées	[illegible]	[illegible]	[illegible]	[illegible]	[illegible]	[illegible]	[illegible]	[illegible]	[illegible]	[illegible]	[illegible]	[illegible]	[illegible]	[illegible]	[illegible]	[illegible]	[illegible]	[illegible]	[illegible]	[illegible]	[illegible]	[illegible]	[illegible]	[illegible]	[illegible]	[illegible]	[illegible]	[illegible]	[illegible]	[illegible]	[illegible]	[illegible]	[illegible]
Toiles métalliques de fer	[illegible]	[illegible]	[illegible]	[illegible]	[illegible]	[illegible]	[illegible]	[illegible]	[illegible]	[illegible]	[illegible]	[illegible]	[illegible]	[illegible]	[illegible]	[illegible]	[illegible]	[illegible]	[illegible]	[illegible]	[illegible]	[illegible]	[illegible]	[illegible]	[illegible]	[illegible]	[illegible]	[illegible]	[illegible]	[illegible]	[illegible]	[illegible]	[illegible]
[illegible]	[illegible]	[illegible]	[illegible]	[illegible]	[illegible]	[illegible]	[illegible]	[illegible]	[illegible]	[illegible]	[illegible]	[illegible]	[illegible]	[illegible]	[illegible]	[illegible]	[illegible]	[illegible]	[illegible]	[illegible]	[illegible]	[illegible]	[illegible]	[illegible]	[illegible]	[illegible]	[illegible]	[illegible]	[illegible]	[illegible]	[illegible]	[illegible]	[illegible]
Plumes et bouts de plumes	[illegible]	[illegible]	[illegible]	[illegible]	[illegible]	[illegible]	[illegible]	[illegible]	[illegible]	[illegible]	[illegible]	[illegible]	[illegible]	[illegible]	[illegible]	[illegible]	[illegible]	[illegible]	[illegible]	[illegible]	[illegible]	[illegible]	[illegible]	[illegible]	[illegible]	[illegible]	[illegible]	[illegible]	[illegible]	[illegible]	[illegible]	[illegible]	[illegible]
Chaudières	[illegible]	[illegible]	[illegible]	[illegible]	[illegible]	[illegible]	[illegible]	[illegible]	[illegible]	[illegible]	[illegible]	[illegible]	[illegible]	[illegible]	[illegible]	[illegible]	[illegible]	[illegible]	[illegible]	[illegible]	[illegible]	[illegible]	[illegible]	[illegible]	[illegible]	[illegible]	[illegible]	[illegible]	[illegible]	[illegible]	[illegible]	[illegible]	[illegible]
Armes de guerre à feu portatives	[illegible]	[illegible]	[illegible]	[illegible]	[illegible]	[illegible]	[illegible]	[illegible]	[illegible]	[illegible]	[illegible]	[illegible]	[illegible]	[illegible]	[illegible]	[illegible]	[illegible]	[illegible]	[illegible]	[illegible]	[illegible]	[illegible]	[illegible]	[illegible]	[illegible]	[illegible]	[illegible]	[illegible]	[illegible]	[illegible]	[illegible]	[illegible]	[illegible]
— de commerce, blanches	[illegible]	[illegible]	[illegible]	[illegible]	[illegible]	[illegible]	[illegible]	[illegible]	[illegible]	[illegible]	[illegible]	[illegible]	[illegible]	[illegible]	[illegible]	[illegible]	[illegible]	[illegible]	[illegible]	[illegible]	[illegible]	[illegible]	[illegible]	[illegible]	[illegible]	[illegible]	[illegible]	[illegible]	[illegible]	[illegible]	[illegible]	[illegible]	[illegible]
— — à feu	[illegible]	[illegible]	[illegible]	[illegible]	[illegible]	[illegible]	[illegible]	[illegible]	[illegible]	[illegible]	[illegible]	[illegible]	[illegible]	[illegible]	[illegible]	[illegible]	[illegible]	[illegible]	[illegible]	[illegible]	[illegible]	[illegible]	[illegible]	[illegible]	[illegible]	[illegible]	[illegible]	[illegible]	[illegible]	[illegible]	[illegible]	[illegible]	[illegible]
Munitions de guerre, capsules de poudre fulminante	[illegible]	[illegible]	[illegible]	[illegible]	[illegible]	[illegible]	[illegible]	[illegible]	[illegible]	[illegible]	[illegible]	[illegible]	[illegible]	[illegible]	[illegible]	[illegible]	[illegible]	[illegible]	[illegible]	[illegible]	[illegible]	[illegible]	[illegible]	[illegible]	[illegible]	[illegible]	[illegible]	[illegible]	[illegible]	[illegible]	[illegible]	[illegible]	[illegible]
— projectiles et autres	[illegible]	[illegible]	[illegible]	[illegible]	[illegible]	[illegible]	[illegible]	[illegible]	[illegible]	[illegible]	[illegible]	[illegible]	[illegible]	[illegible]	[illegible]	[illegible]	[illegible]	[illegible]	[illegible]	[illegible]	[illegible]	[illegible]	[illegible]	[illegible]	[illegible]	[illegible]	[illegible]	[illegible]	[illegible]	[illegible]	[illegible]	[illegible]	[illegible]
Instruments aratoires, faulx	[illegible]	[illegible]	[illegible]	[illegible]	[illegible]	[illegible]	[illegible]	[illegible]	[illegible]	[illegible]	[illegible]	[illegible]	[illegible]	[illegible]	[illegible]	[illegible]	[illegible]	[illegible]	[illegible]	[illegible]	[illegible]	[illegible]	[illegible]	[illegible]	[illegible]	[illegible]	[illegible]	[illegible]	[illegible]	[illegible]	[illegible]	[illegible]	[illegible]
— autres	[illegible]	[illegible]	[illegible]	[illegible]	[illegible]	[illegible]	[illegible]	[illegible]	[illegible]	[illegible]	[illegible]	[illegible]	[illegible]	[illegible]	[illegible]	[illegible]	[illegible]	[illegible]	[illegible]	[illegible]	[illegible]	[illegible]	[illegible]	[illegible]	[illegible]	[illegible]	[illegible]	[illegible]	[illegible]	[illegible]	[illegible]	[illegible]	[illegible]
Limes et râpes	[illegible]	[illegible]	[illegible]	[illegible]	[illegible]	[illegible]	[illegible]	[illegible]	[illegible]	[illegible]	[illegible]	[illegible]	[illegible]	[illegible]	[illegible]	[illegible]	[illegible]	[illegible]	[illegible]	[illegible]	[illegible]	[illegible]	[illegible]	[illegible]	[illegible]	[illegible]	[illegible]	[illegible]	[illegible]	[illegible]	[illegible]	[illegible]	[illegible]
Scies ayant [illegible] millimètres au plus de longueur	[illegible]	[illegible]	[illegible]	[illegible]	[illegible]	[illegible]	[illegible]	[illegible]	[illegible]	[illegible]	[illegible]	[illegible]	[illegible]	[illegible]	[illegible]	[illegible]	[illegible]	[illegible]	[illegible]	[illegible]	[illegible]	[illegible]	[illegible]	[illegible]	[illegible]	[illegible]	[illegible]	[illegible]	[illegible]	[illegible]	[illegible]	[illegible]	[illegible]
Outils de pur fer	[illegible]	[illegible]	[illegible]	[illegible]	[illegible]	[illegible]	[illegible]	[illegible]	[illegible]	[illegible]	[illegible]	[illegible]	[illegible]	[illegible]	[illegible]	[illegible]	[illegible]	[illegible]	[illegible]	[illegible]	[illegible]	[illegible]	[illegible]	[illegible]	[illegible]	[illegible]	[illegible]	[illegible]	[illegible]	[illegible]	[illegible]	[illegible]	[illegible]
— de fer rechargé d'acier	[illegible]	[illegible]	[illegible]	[illegible]	[illegible]	[illegible]	[illegible]	[illegible]	[illegible]	[illegible]	[illegible]	[illegible]	[illegible]	[illegible]	[illegible]	[illegible]	[illegible]	[illegible]	[illegible]	[illegible]	[illegible]	[illegible]	[illegible]	[illegible]	[illegible]	[illegible]	[illegible]	[illegible]	[illegible]	[illegible]	[illegible]	[illegible]	[illegible]
Ouvrages en fonte	[illegible]	[illegible]	[illegible]	[illegible]	[illegible]	[illegible]	[illegible]	[illegible]	[illegible]	[illegible]	[illegible]	[illegible]	[illegible]	[illegible]	[illegible]	[illegible]	[illegible]	[illegible]	[illegible]	[illegible]	[illegible]	[illegible]	[illegible]	[illegible]	[illegible]	[illegible]	[illegible]	[illegible]	[illegible]	[illegible]	[illegible]	[illegible]	[illegible]
— en fer	[illegible]	[illegible]	[illegible]	[illegible]	[illegible]	[illegible]	[illegible]	[illegible]	[illegible]	[illegible]	[illegible]	[illegible]	[illegible]	[illegible]	[illegible]	[illegible]	[illegible]	[illegible]	[illegible]	[illegible]	[illegible]	[illegible]	[illegible]	[illegible]	[illegible]	[illegible]	[illegible]	[illegible]	[illegible]	[illegible]	[illegible]	[illegible]	[illegible]
— en tôle ou en fer-blanc	[illegible]	[illegible]	[illegible]	[illegible]	[illegible]	[illegible]	[illegible]	[illegible]	[illegible]	[illegible]	[illegible]	[illegible]	[illegible]	[illegible]	[illegible]	[illegible]	[illegible]	[illegible]	[illegible]	[illegible]	[illegible]	[illegible]	[illegible]	[illegible]	[illegible]	[illegible]	[illegible]	[illegible]	[illegible]	[illegible]	[illegible]	[illegible]	[illegible]
— en cuivre, simplement tournés communs	[illegible]	[illegible]	[illegible]	[illegible]	[illegible]	[illegible]	[illegible]	[illegible]	[illegible]	[illegible]	[illegible]	[illegible]	[illegible]	[illegible]	[illegible]	[illegible]	[illegible]	[illegible]	[illegible]	[illegible]	[illegible]	[illegible]	[illegible]	[illegible]	[illegible]	[illegible]	[illegible]	[illegible]	[illegible]	[illegible]	[illegible]	[illegible]	[illegible]
— — dorés	[illegible]	[illegible]	[illegible]	[illegible]	[illegible]	[illegible]	[illegible]	[illegible]	[illegible]	[illegible]	[illegible]	[illegible]	[illegible]	[illegible]	[illegible]	[illegible]	[illegible]	[illegible]	[illegible]	[illegible]	[illegible]	[illegible]	[illegible]	[illegible]	[illegible]	[illegible]	[illegible]	[illegible]	[illegible]	[illegible]	[illegible]	[illegible]	[illegible]
— — argentés	[illegible]	[illegible]	[illegible]	[illegible]	[illegible]	[illegible]	[illegible]	[illegible]	[illegible]	[illegible]	[illegible]	[illegible]	[illegible]	[illegible]	[illegible]	[illegible]	[illegible]	[illegible]	[illegible]	[illegible]	[illegible]	[illegible]	[illegible]	[illegible]	[illegible]	[illegible]	[illegible]	[illegible]	[illegible]	[illegible]	[illegible]	[illegible]	[illegible]
— — autres	[illegible]	[illegible]	[illegible]	[illegible]	[illegible]	[illegible]	[illegible]	[illegible]	[illegible]	[illegible]	[illegible]	[illegible]	[illegible]	[illegible]	[illegible]	[illegible]	[illegible]	[illegible]	[illegible]	[illegible]	[illegible]	[illegible]	[illegible]	[illegible]	[illegible]	[illegible]	[illegible]	[illegible]	[illegible]	[illegible]	[illegible]	[illegible]	[illegible]
— en plomb	[illegible]	[illegible]	[illegible]	[illegible]	[illegible]	[illegible]	[illegible]	[illegible]	[illegible]	[illegible]	[illegible]	[illegible]	[illegible]	[illegible]	[illegible]	[illegible]	[illegible]	[illegible]	[illegible]	[illegible]	[illegible]	[illegible]	[illegible]	[illegible]	[illegible]	[illegible]	[illegible]	[illegible]	[illegible]	[illegible]	[illegible]	[illegible]	[illegible]
— en étain, poterie commune	[illegible]	[illegible]	[illegible]	[illegible]	[illegible]	[illegible]	[illegible]	[illegible]	[illegible]	[illegible]	[illegible]	[illegible]	[illegible]	[illegible]	[illegible]	[illegible]	[illegible]	[illegible]	[illegible]	[illegible]	[illegible]	[illegible]	[illegible]	[illegible]	[illegible]	[illegible]	[illegible]	[illegible]	[illegible]	[illegible]	[illegible]	[illegible]	[illegible]
— — autres	[illegible]	[illegible]	[illegible]	[illegible]	[illegible]	[illegible]	[illegible]	[illegible]	[illegible]	[illegible]	[illegible]	[illegible]	[illegible]	[illegible]	[illegible]	[illegible]	[illegible]	[illegible]	[illegible]	[illegible]	[illegible]	[illegible]	[illegible]	[illegible]	[illegible]	[illegible]	[illegible]	[illegible]	[illegible]	[illegible]	[illegible]	[illegible]	[illegible]
— en zinc	[illegible]	[illegible]	[illegible]	[illegible]	[illegible]	[illegible]	[illegible]	[illegible]	[illegible]	[illegible]	[illegible]	[illegible]	[illegible]	[illegible]	[illegible]	[illegible]	[illegible]	[illegible]	[illegible]	[illegible]	[illegible]	[illegible]	[illegible]	[illegible]	[illegible]	[illegible]	[illegible]	[illegible]	[illegible]	[illegible]	[illegible]	[illegible]	[illegible]

EXPORTATIONS GÉNÉRALES DE MARSEILLE A DESTINATION DE LA GRÈCE.

DÉSIGNATION DES MARCHANDISES.	1848. Poids. k.	1848. Valeur. fr.	1848. Autres unités.	1849. Poids. k.	1849. Valeur. fr.	1849. Autres unités.	1850. Poids. k.	1850. Valeur. fr.	1850. Autres unités.	1851. Poids. k.	1851. Valeur. fr.	1851. Autres unités.	1852. Poids. k.	1852. Valeur. fr.	1852. Autres unités.
			[illegible]			[illegible]			[illegible]			[illegible]			[illegible]
Ouvrages en matières diverses.															
Ouvrages en caoutchouc combiné avec d'autres matières	—	—	—	—	—	—	—	—	—	—	—	—	—	—	—
Voitures suspendues	—	—	—	—	—	—	—	—	—	—	2.000	—	—	—	—
Voiles confectionnées	220	—	—	—	—	—	—	—	—	—	—	—	—	—	—
Câbles en fer	—	—	—	148	—	—	—	—	—	—	—	—	—	—	—
Tabletterie	—	—	—	—	—	—	76	—	—	—	—	—	—	—	—
Bimbeloterie	—	—	—	—	—	—	6	—	—	76	—	—	130	—	—
Mercerie commune	5.497	—	—	12.295	—	—	2.310	—	—	9.122	—	—	—	—	—
Mercerie fine	212	—	—	603	—	—	1.053	—	—	219	—	—	2.831	—	—
Boutons autres que de passementerie	—	—	—	18	—	—	—	—	—	400	—	—	100	—	—
Modes	—	1.345	—	—	1.112	—	—	5.105	—	—	6.702	—	—	1.370	—
Fleurs artificielles	—	—	—	—	862	—	—	850	—	—	160	—	—	50	—
Ouvrages en bois — futailles vides montées	—	—	—	—	12.808	—	—	—	—	—	6.614	—	—	—	—
Ouvrages en bois — sabots communs	—	—	—	—	—	—	—	—	—	—	—	—	—	—	—
Ouvrages en bois — boissellerie	—	—	—	—	—	—	—	—	—	157	—	—	—	—	—
Ouvrages en bois — autres	—	109	—	—	1.156	—	—	221	—	—	180	—	—	—	—
Meubles	—	36.933	—	—	21.201	—	—	32.400	—	—	41.268	—	—	78.123	—
Parapluies en soie	—	1.000	—	—	513	—	—	400	—	—	—	—	—	1.000	—
Parapluies montures de	—	—	—	—	—	—	—	—	—	—	—	—	—	—	—
Instruments d'optique	—	—	—	—	—	—	—	481	—	—	100	—	—	250	—
Instruments de chimie	—	270	—	—	1.676	—	—	3.425	—	—	636	—	—	—	—
Pianos à queue	—	—	—	—	880	—	—	1.000	—	—	—	—	—	—	—
Instruments de musique et autres	—	—	—	—	180	—	—	—	—	—	—	—	—	200	—
Effets à usage — pièces de lingerie cousue	—	—	—	—	—	—	22	—	—	15	—	—	200	—	—
Effets à usage — habillements neufs et autres	528	—	—	1.189	—	—	121	—	—	593	—	—	30.728	—	—
Effets à usage — vieux	—	—	—	20	—	—	1.236	—	810	—	—	—	200	—	—
Objets de collection	—	540	—	—	110	—	—	930	—	—	100	—	—	190	—
Médailles d'or	—	—	—	—	—	—	—	—	—	—	—	—	—	—	—
— d'argent	969	—	—	158	—	—	167	—	—	—	—	—	—	—	—
Argent brut	—	—	—	—	—	—	—	—	—	—	—	—	—	—	—

DÉSIGNATION DES MARCHANDISES.	1853. Poids. k.	1853. Valeur. fr.	1853. Autres unités.	1854. Poids. k.	1854. Valeur. fr.	1854. Autres unités.	1855. Poids. k.	1855. Valeur. fr.	1855. Autres unités.	1856. Poids. k.	1856. Valeur. fr.	1856. Autres unités.	1857. Poids. k.	1857. Valeur. fr.	1857. Autres unités.	TOTAUX. Poids. k.	TOTAUX. Valeur. fr.	TOTAUX. Autres unités.
			[illegible]			[illegible]			[illegible]			[illegible]			[illegible]			
Ouvrages en caoutchouc combiné avec d'autres matières	291	—	—	—	—	—	—	—	—	—	—	—	—	—	—	321	—	—
Voitures suspendues	—	—	—	—	10	—	—	8.250	—	—	—	—	—	13.400	—	—	23.200	—
Voiles confectionnées	420	—	—	300	—	—	—	—	—	291	—	—	4.387	—	—	2.589	—	—
Câbles en fer	150	—	—	11	—	—	—	—	—	1.985	—	—	—	—	—	2.017	—	—
Tabletterie	—	—	—	285	—	—	—	—	—	—	—	—	—	—	—	954	—	—
Bimbeloterie	—	—	—	—	—	—	725	—	—	102	—	—	7.298	—	—	3.973	—	—
Mercerie commune	2.108	—	—	2.250	—	—	22.304	—	—	21.962	—	—	20.412	—	—	155.425	—	—
Mercerie fine	276	—	—	1.472	—	—	660	—	—	1.211	—	—	4.376	—	—	46.537	—	—
Boutons autres que de passementerie	326	—	—	1.101	—	—	90	—	—	37	—	—	302	—	—	2.027	—	—
Modes	—	3.580	—	—	9.917	—	—	12.210	—	—	25.165	—	—	41.105	—	—	104.285	—
Fleurs artificielles	—	30	—	—	150	—	—	—	—	—	909	—	—	1.430	—	—	1.840	—
Ouvrages en bois — futailles vides montées	—	2.102	—	—	305	—	—	—	—	—	131	—	—	950	—	—	45.401	—
Ouvrages en bois — sabots communs	224	—	—	—	—	—	150	—	—	60	—	—	—	—	—	371	—	—
Ouvrages en bois — boissellerie	—	—	—	—	—	—	—	—	—	—	—	—	420	—	—	1.621	—	—
Ouvrages en bois — autres	—	540	—	—	470	—	—	1.655	—	—	2.853	—	—	2.700	—	—	15.144	—
Meubles	—	22.706	—	—	36.481	—	—	39.738	—	—	65.728	—	—	143.315	—	—	510.243	—
Parapluies en soie	—	2.130	—	—	960	—	—	6.378	—	—	6.938	—	—	6.560	—	—	20.740	—
Parapluies montures de	—	200	—	—	—	—	—	—	—	—	—	—	—	200	—	—	400	—
Instruments d'optique	—	150	—	—	1.872	—	—	1.318	—	—	—	—	—	7.125	—	—	6.008	—
Instruments de chimie	—	—	—	—	—	—	—	2.136	—	—	1.932	—	—	665	—	—	10.817	—
Pianos à queue	—	2.100	—	—	600	—	—	400	—	—	3.050	—	—	2.420	—	—	12.016	—
Instruments de musique et autres	—	2.000	—	—	150	—	—	550	—	—	1.345	—	—	200	—	—	3.562	—
Effets à usage — pièces de lingerie cousue	153	—	—	28	—	—	121	—	—	520	—	—	517	—	—	7.151	—	—
Effets à usage — habillements neufs et autres	3.244	—	—	426	—	—	6.037	—	—	3.105	—	—	3.341	—	—	17.671	—	—
Effets à usage — vieux	156	—	—	—	—	—	267	—	—	1.915	—	—	2.463	—	—	7.240	—	—
Objets de collection	—	60	—	—	95	—	—	120	—	—	461	—	—	1.340	—	—	3.096	—
Médailles d'or	99	—	—	88	—	—	41	—	—	463	—	—	93	—	—	144	—	—
— d'argent	1.370	—	—	150	—	—	2.021	—	—	2.047	—	—	968	—	—	2.960	—	—
Argent brut	—	—	—	—	—	—	—	—	—	—	—	—	40	—	—	40	—	—

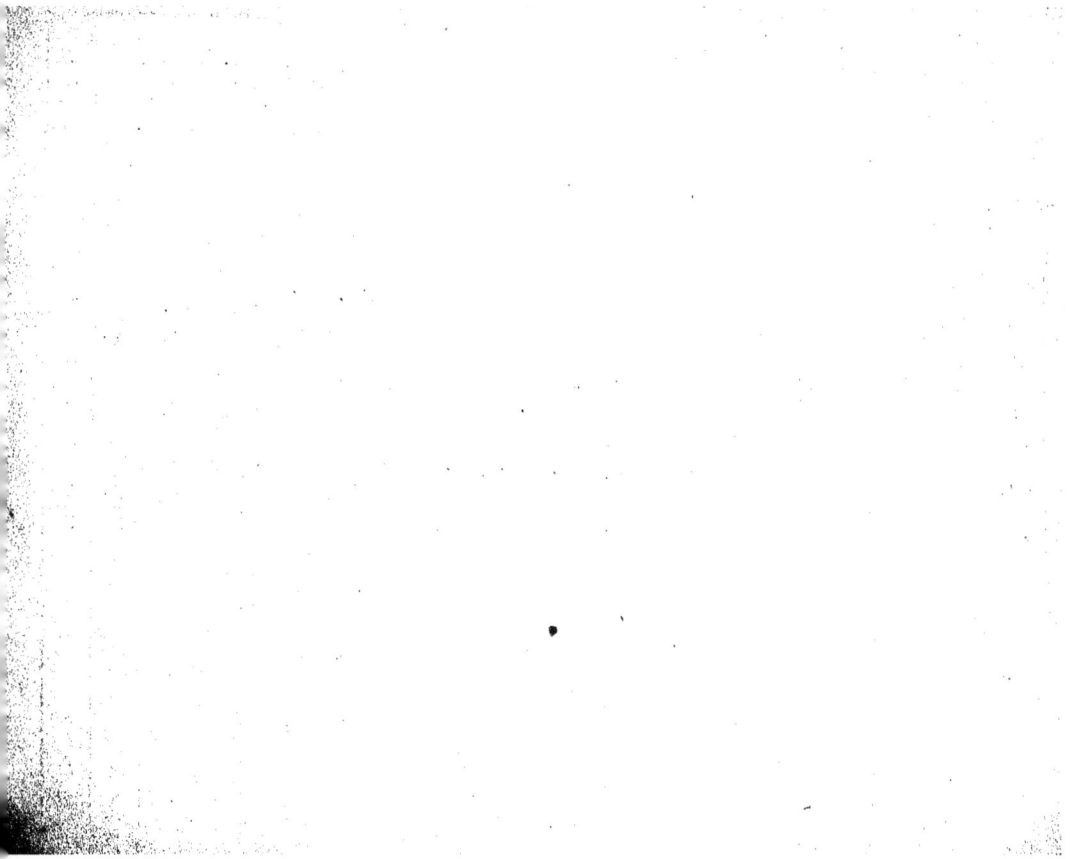

Deuxième Partie

Navigation

MOUVEMENT DIRECT DE LA NAVIGATION

ENTRE

MARSEILLE ET LA GRÈCE.

PART DES DIFFÉRENTS PAVILLONS DANS LES IMPORTATIONS DE LA GRÈCE A MARSEILLE.

PAVILLONS.	1847. Nombre de Navires.	1847. Hommes d'équipage.	1847. Tonnage.	1848. Nombre de Navires.	1848. Hommes d'équipage.	1848. Tonnage.	1849. Nombre de Navires.	1849. Hommes d'équipage.	1849. Tonnage.	1850. Nombre de Navires.	1850. Hommes d'équipage.	1850. Tonnage.	1851. Nombre de Navires.	1851. Hommes d'équipage.	1851. Tonnage.	1852. Nombre de Navires.	1852. Hommes d'équipage.	1852. Tonnage.
Autrichien	5	53	1.330	1	13	461	—	—	—	—	—	—	—	—	—	—	—	—
Anglais	—	—	—	—	—	—	—	—	—	—	—	—	—	—	—	—	—	—
Danois	—	—	—	—	—	—	—	—	—	—	—	—	—	—	—	—	—	—
Espagnol	—	—	—	—	—	—	—	—	—	—	—	—	—	—	—	—	—	—
Français	46	62	1.450	1	8	125	1	4	148	18	136	2.315	7	60	527	3	25	418
Grec	71	730	12.813	1	44	775	—	—	—	3	26	531	4	9	123	3	25	423
Hollandais	—	—	—	—	—	—	—	—	—	—	—	—	—	—	—	—	—	—
Ionien	—	—	—	—	—	—	—	—	—	—	—	—	—	—	—	—	—	—
[illegible]	4	42	115	—	—	—	—	—	—	—	—	—	—	—	—	—	—	—
Mecklembourgeois	—	—	—	—	—	—	—	—	—	—	—	—	—	—	—	—	—	—
Napolitain	4	57	685	—	—	—	—	—	—	—	—	—	—	—	—	—	—	—
Norvégien	—	—	—	—	—	—	—	—	—	—	—	—	—	—	—	—	—	—
Ottoman	13	154	2.278	—	—	—	—	—	—	—	—	—	—	—	—	—	—	—
Oldenbourgeois	—	—	—	—	—	—	—	—	—	—	—	—	—	—	—	1	9	135
Portugais	—	—	—	—	—	—	—	—	—	—	—	—	—	—	—	—	—	—
Prussien	—	—	—	—	—	—	—	—	—	—	—	—	—	—	—	—	—	—
Russe	2	26	586	2	25	471	—	—	—	—	—	—	—	—	—	—	—	—
Romain	—	—	—	—	—	—	—	—	—	—	—	—	—	—	—	—	—	—
Samien	2	19	187	—	—	—	—	—	—	—	—	—	—	—	—	—	—	—
Sarde	3	38	400	—	—	—	—	—	—	—	—	—	—	—	—	—	—	—
Toscan	—	—	—	—	—	—	—	—	—	—	—	—	—	—	—	—	—	—
Valaque	1	13	168	—	—	—	—	—	—	1	13	166	—	—	—	—	—	—
Totaux pour chaque année.	148	1.637	24.382	5	87	1.832	1	4	148	19	175	3.050	9	63	1.180	7	55	976

PAVILLONS.	1853. Nombre de Navires.	1853. Hommes d'équipage.	1853. Tonnage.	1854. Nombre de Navires.	1854. Hommes d'équipage.	1854. Tonnage.	1855. Nombre de Navires.	1855. Hommes d'équipage.	1855. Tonnage.	1856. Nombre de Navires.	1856. Hommes d'équipage.	1856. Tonnage.	1857. Nombre de Navires.	1857. Hommes d'équipage.	1857. Tonnage.	TOTAUX. Nombre de Navires.	TOTAUX. Hommes d'équipage.	TOTAUX. Tonnage.
Autrichien	4	9	203	4	47	636	3	31	793	3	33	845	4	41	1.207	21	249	8.279
Anglais	1	10	146	8	70	906	2	19	419	1	9	137	1	9	407	13	116	1.765
Danois	—	—	—	—	—	—	—	—	—	—	—	—	1	8	120	1	8	400
Espagnol	—	—		1	8	108	—	—	—	—	—	—	—	—	—	1	8	108
Français	25	145	2.833	14	163	3.154	14	85	1.361	17	131	2.003	10	88	1.743	114	959	18.079
Grec	41	407	4.949	13	150	2.560	28	314	6.610	15	150	3.335	41	408	9.548	165	1.760	31.890
Hollandais	—	—	—	—	—	—	1	6	98	—	—	—	—	—	—	1	6	98
Ionien	—	—	—	1	11	292	2	24	407	—	—	—	—	—	—	3	36	709
[illegible]	—	—	—	—	—	—	—	—	—	—	—	—	—	—	—	4	42	148
Mecklembourgeois	—	—	—	—	—	—	—	—	—	—	—	—	4	18	234	4	18	208
Napolitain	1	60	416	3	30	602	6	62	493	3	45	570	4	34	510	19	218	3.236
Norvégien	—	—	—	—	—	—	—	—	—	—	—	—	1	41	301	1	11	301
Ottoman	4	45	735	2	40	449	1	9	150	1	16	420	—	—	—	21	257	3.954
Oldenbourgeois	—	—	—	—	—	—	1	11	202	—	—	—	—	—	—	1	11	105
Portugais	—	—	—	2	13	253	1	8	136	—	—	—	—	—	—	2	21	389
Prussien	—	—	—	—	—	—	1	16	407	—	—	—	—	—	—	1	16	407
Russe	—	—	—	—	—	—	—	—	—	—	—	—	1	14	212	5	61	1.138
Romain	—	—	—	3	47	363	6	33	914	—	—	—	1	9	175	10	85	1.454
Samien	—	—	—	—	—	—	—	—	—	—	—	—	—	—	—	2	19	187
Sarde	1	9	180	1	10	131	20	261	4.956	1	39	606	8	93	1.705	41	455	7.591
Toscan	—	—	—	—	—	—	—	—	—	1	10	170	2	26	549	3	36	393
Valaque	—	—	—	—	—	—	—	—	—	—	—	—	1	11	290	3	33	612
Totaux pour chaque année.	55	576	5.960	57	888	9.700	85	900	16.415	45	424	8.125	84	448	9.207	Tot. général. 440	4.379	77.504

PART DES DIFFÉRENTS PAVILLONS DANS LES EXPORTATIONS DE MARSEILLE EN GRÈCE.

PAVILLONS.	1847.			1848.			1849.			1850.			1851.			1852.		
	Nombre de Navires.	Hommes d'équipage.	Tonnage.	Nombre de Navires.	Hommes d'équipage.	Tonnage.	Nombre de Navires.	Hommes d'équipage.	Tonnage.	Nombre de Navires.	Hommes d'équipage.	Tonnage.	Nombre de Navires.	Hommes d'équipage.	Tonnage.	Nombre de Navires.	Hommes d'équipage.	Tonnage.
Anglais	—	—	—	—	—	—	—	—	—	—	—	—	1	6	53	2	21	308
Autrichiens	1	10	183	—	—	—	—	—	—	—	—	—	—	—	—	1	9	114
Brêmois	—	—	—	—	—	—	—	—	—	—	—	—	—	—	—	1	5	50
Français	2	18	371	3	40	364	5	60	835	14	117	4.932	16	150	2.342	12	110	1.787
Grec	361	2.758	36.523	122	1.084	23.348	38	90	836	61	640	14.391	45	415	8.857	33	479	11.358
Hollandais	—	—	—	—	—	—	—	—	—	—	—	—	—	—	—	—	—	—
Ionien	5	67	1.894	—	—	—	—	—	—	—	—	—	—	—	—	—	—	—
Jérusalem	1	7	73	—	—	—	—	—	—	—	—	—	—	—	—	—	—	—
Napolitain	2	16	389	—	—	—	—	—	—	—	—	—	1	10	141	—	—	—
Norwégien	—	—	—	—	—	—	—	—	—	—	—	—	1	10	252	—	—	—
Ottoman	16	94	1.810	3	27	613	—	—	—	1	13	306	2	17	181	—	—	—
Romain	—	—	—	—	—	—	—	—	—	—	—	—	—	—	—	—	—	—
Russe	10	181	1.781	3	35	365	1	11	359	—	—	—	—	—	—	—	—	—
Sarde	—	—	—	—	—	—	—	—	—	—	—	—	—	—	—	—	—	—
Toscan	1	10	114	—	—	—	—	—	—	—	—	—	—	—	—	—	—	—
Valaque	2	24	371	1	10	300	—	—	—	—	—	—	—	—	—	—	—	—
Totaux pour chaque année	371	4.100	71.089	130	1.035	25.331	37	130	1.[illegible]	78	780	15.630	67	545	12.958	52	699	15.401

PAVILLONS.	1853.			1854.			1855.			1856.			1857.			TOTAUX.		
	Nombre de Navires.	Hommes d'équipage.	Tonnage.	Nombre de Navires.	Hommes d'équipage.	Tonnage.	Nombre de Navires.	Hommes d'équipage.	Tonnage.	Nombre de Navires.	Hommes d'équipage.	Tonnage.	Nombre de Navires.	Hommes d'équipage.	Tonnage.	Nombre de Navires.	Hommes d'équipage.	Tonnage.
Anglais	—	—	—	1	11	340	1	7	127	1	15	388	—	—	—	6	63	1.305
Autrichiens	1	9	181	—	—	—	—	—	—	2	17	301	2	22	355	7	71	1.079
Brêmois	—	—	—	—	—	—	—	—	—	—	—	—	—	—	—	1	7	50
Français	31	377	5.789	5	34	445	43	488	4.054	54	478	3.000	18	58	1.304	1.45	1.488	13.188
Grec	93	379	8.844	188	1.890	23.825	64	504	11.051	208	2.123	32.609	219	2.560	39.381	383	14.007	248.550
Hollandais	—	—	—	—	—	—	—	—	—	—	—	—	1	6	112	1	6	112
Ionien	1	18	114	3	50	903	1	10	115	3	34	89	1	16	221	15	183	3.097
Jérusalem	—	—	—	—	—	—	1	8	114	—	—	—	—	—	—	2	15	187
Napolitain	—	—	—	—	—	—	—	—	—	—	—	—	—	—	—	3	30	487
Norwégien	—	—	—	—	—	—	—	—	—	—	—	—	—	—	—	1	10	252
Ottoman	1	8	98	3	31	499	1	10	214	1	18	234	—	—	—	31	314	3.843
Romain	1	27	436	2	19	485	1	8	144	1	8	126	—	—	—	5	73	1.190
Russe	3	30	480	2	35	301	—	—	—	—	—	—	—	—	—	19	333	3.750
Sarde	—	—	—	—	—	—	—	—	—	1	11	139	—	—	—	1	11	139
Toscan	—	—	—	—	—	—	—	—	—	—	—	—	—	—	—	1	10	114
Valaque	2	45	5[illegible]	1	16	2[illegible]	—	—	—	1	9	150	2	22	5[illegible]	9	97	2.000
Totaux pour chaque année	135	1.339	14.303	139	1.977	25.281	74	730	15.791	233	2.400	37.346	225	2.661	48.389	Total général. 1.586	16.368	276.438

PORTS DE DESTINATION DES NAVIRES SORTIS DE MARSEILLE A DESTINATION DE LA GRÈCE.

PORTS DE DESTINATION	1847			1848			1849			1850			1851			1852		
	Nombre de Navires.	Hommes d'équipage.	Tonnage.	Nombre de Navires.	Hommes d'équipage.	Tonnage.	Nombre de Navires.	Hommes d'équipage.	Tonnage.	Nombre de Navires.	Hommes d'équipage.	Tonnage.	Nombre de Navires.	Hommes d'équipage.	Tonnage.	Nombre de Navires.	Hommes d'équipage.	Tonnage.
Andros	12	112	[illegible]	5	41	[illegible]	1	3	158	1	5	176	—	—	[illegible]	4	8	[illegible]
Athènes	8	81	1.254	6	47	[illegible]	3	56	1.347	[illegible]	79	[illegible]	5	58	1.172	16	13	[illegible]
Calamata	—	—	—	—			—	—	—		—		4	8	118	—		—
Céphalonie	—	—	—	—	—		—	—	—		—	—			—		—	
Cos	7	65	420	—	—	—		—		1	4	171	1	5	176	2	18	[illegible]
Galaxidi	15	137	[illegible]	14	55	2 110		—			—					[illegible]	40	126
[illegible]	—	—		—			—	—	—	—	—		—	—	—		—	—
Heraclea	1	9	157	—						—	—				—		—	
Hydra	25	276	[illegible]	6	[illegible]	[illegible]	7	—	137	1	17	457		—	—	2	21	[illegible]
Milo		—	—	—	—		—	—	—		—	—	—	—	—	—	—	—
Myconos	4	17	[illegible]	2	19	154	—				—	—	1	40	263	—		
Nauplie	—	—	—	—		—	—	—	—	1	9	195	1	7	[illegible]	—	—	—
Poros	—		—	—		—	—	—	—					—	—		—	—
Patras	4	39	[illegible]	3	33	[illegible]	—	—	—	3	33	[illegible]	[illegible]	34	[illegible]	[illegible]	44	[illegible]
Pyrée	1	40	[illegible]	3	95	491	1	8	195	3	38	[illegible]	—	56	377	4	41	[illegible]
Santorin	1	5	[illegible]	—	—			—	—	—		—	—	—		1	42	[illegible]
Scio	2	47	[illegible]	1	41	[illegible]	3	26	[illegible]	2	43	[illegible]	4	44	521	4	75	[illegible]
Scopelo	—	—	—	—		—		—	—		—		—	—			—	
[illegible]	—	—		—		—	—	—		—	—				—	—	—	—
[illegible]	—	—		—	—	—	—	—	—	1	7	[illegible]			—	—		
Spezzia	21	[illegible]	[illegible]	12	144	[illegible]	6	60	[illegible]	6	71	[illegible]	3	67	1.386	1	8	[illegible]
Syra	218	[illegible]	[illegible]	12	330	[illegible]	15	242	4 658	58	542	[illegible]	41	347	7.307	45	447	9.818
Tinos	—	—		—	—	—	—		—	—	—	—	—	—				—
Volo	—	—	—							—	—	—		—	—		—	
Zante	—	—	—		—							—		—	—			—
Totaux pour chaque année.	307	4.248	[illegible]	139	1.477	[illegible]	47	[illegible]	9.303	78	578	[illegible]	61	818	12.459	72	890	14.919

PORTS DE DESTINATION	1853			1854			1855			1856			1857			TOTAUX		
	Nombre Navires.	Hommes d'équipage.	Tonnage.	Nombre de Navires.	Hommes d'équipage.	Tonnage.	Nombre de Navires.	Hommes d'équipage.	Tonnage.	Nombre de Navires.	Hommes d'équipage.	Tonnage.	Nombre de Navires.	Hommes d'équipage.	Tonnage.	Nombre de Navires.	Hommes d'équipage.	Tonnage.
Andros	—	—	—	5	25	383	—	—	—	2	33	863	1	21	316	27	264	3.852
Athènes	10	96	1 301	7	63	1 267	12	118	1 421	7	65	1 073	10	96	1 514	91	861	11.378
Calamata	2	18	317		—	—		—	—	—	—	—	—	—	—	3	88	335
Céphalonie	1	12	114	3	34	440			—	1	14	626	1	15	291	9	401	2.044
Cos	15	116	1.966	1	9	110	—	—	—	2	24	314	4	7	113	33	284	4.070
Galaxidi	—	—	—	—	—	—	—	—	—	1	11	207	3	33	400	42	304	6.319
[illegible]		—	—	—	—	—	—	—	—	—	—	—	1	41	612	4	41	644
Heraclea	—	—	—	—	—	—	—	—			—	—				1	9	153
Hydra	5	91	1.840	5	192	2 161	4	46	820	30	333	4.914	21	263	4.782	121	1.396	25.577
Milo	—	—	—	1	7	191	—		—			—	—	—	—	1	7	191
Myconos	—	—	—	—	—	—		—	—	2	21	470	1	10	151	10	103	2.184
Nauplie	4	43	891	4	34	404	—	—	—	—	—	—	—	—	—	4	44	250
Poros	—	—	—	—	—	—	—	—	—	2	19	244	2	20	501	5	45	962
Patras	2	28	303	6	65	1.077	3	28	415	42	401	4 444	9	71	1.473	68	418	9 516
Pyrée	4	16	644	6	64	1.093	4	41	453	21	139	[illegible]	11	104	3.035	61	600	13.870
Santorin	4	33	766	8	99	2 150	6	54	1.063	8	115	4 275	9	130	2.191	43	474	9 273
Scio	5	47	1.210	2	21	430	1	10	135		—	—	3	[illegible]	332	29	306	6 501
Scopelo	—	—			—	—	—	—	—	1	14	357	1	10	217	2	24	608
[illegible]	—	—	—	—	—	—	—				—		2	13	401	2	19	407
[illegible]	—	—	—	1	14	206	1	10	135	—	—		—	—	—	3	30	516
Spezzia	12	107	1 999	22	226	4 438	17	130	2.150	38	466	10.976	27	372	7.113	240	1.637	37.691
Syra	83	633	12 251	40	508	10.443	27	273	5 639	96	910	17 610	104	1.087	21.031	[illegible]	8.449	174.303
Tinos	—	—	—	1	11	200	—	—	—	—	—	—	—	—	—	1	11	200
Volo	5	40	643	—	—	—	2	16	275	4	41	237	1	11	232	9	78	1.381
Zante	2	30	481	—	—	—	—	—	—	—	—	—	1	5	117	3	35	254
Totaux pour chaque année.	135	1.381	26.655	128	1.297	25.687	78	750	13.030	233	2.474	47.703	225	2.365	42.844	1.490	16.468	306.171

PORTS DE PROVENANCE DES NAVIRES VENANT DE LA GRÈCE A DESTINATION DE MARSEILLE.

PORTS DE DESTINATION.	1847. Nombre de Navires.	1847. Hommes d'équipage.	1847. Tonnage.	1848. Nombre de Navires.	1848. Hommes d'équipage.	1848. Tonnage.	1849. Nombre de Navires.	1849. Hommes d'équipage.	1849. Tonnage.	1850. Nombre de Navires.	1850. Hommes d'équipage.	1850. Tonnage.	1851. Nombre de Navires.	1851. Hommes d'équipage.	1851. Tonnage.	1852. Nombre de Navires.	1852. Hommes d'équipage.	1852. Tonnage.
Ambelaki	4	51	415								—							
Andros	1										—							
Arkitsa	—											—						
Calamata	—										—				12		10	275
Cos	57	512	10.159	1	16						51	555		97	155	4	12	508
Metanion	—														—			
Hydra	2	25	458								—							
Kalamaki	3	49	270															
Missolonghi		—																
Milo											—							
Naxos		—																
Nauplie		—																
Navarin																		
Neo	—	—	—															
Patras	—	—	—															
Pargo	4	7	419								—							
Petra				4	12	128												
Pyrée	5	16	469		10	175	—			4	16	155						
Poros	1	8	415	1	5	126	—			3	16	161						
Salo	2	15	[illegible]															
Spetzia	1	12	416	1		101				1	16	155						
Syra	3	18	194		—													
Tenos					—													
Volo	24	317	5.310	—						1	8	525	1					110
Zante	—	—	—															
Xeros	15	198	2.306				4	5	108	4	[illegible]	1.703			161			
Totaux pour chaque année	111	1.425	21.177	5	53	[illegible]	4	[illegible]	[illegible]	[illegible]	27	[illegible]	[illegible]	[illegible]	1.126	[illegible]	[illegible]	[illegible]

PORTS DE DESTINATION.	1853. Nombre de Navires.	1853. Hommes d'équipage.	1853. Tonnage.	1854. Nombre de Navires.	1854. Hommes d'équipage.	1854. Tonnage.	1855. Nombre de Navires.	1855. Hommes d'équipage.	1855. Tonnage.	1856. Nombre de Navires.	1856. Hommes d'équipage.	1856. Tonnage.	1857. Nombre de Navires.	1857. Hommes d'équipage.	1857. Tonnage.	TOTAUX. Nombre de Navires.	TOTAUX. Hommes d'équipage.	TOTAUX. Tonnage.
Ambelaki	—	—			—										—	4	45	215
Andros				1	5	64	1	48	200	—	—		—			1	11	419
Arkitsa	—		—	—	—			36	[illegible]	—	—			—		3	36	752
Calamata	4	7	411		53	4.651	1	54	504	7	47	1.311	1	18	271	22	103	3.781
Cos	22	151	3.005	2	271	4.605	20	295	3.712	5	74	4.146	14	207	5.500	176	1.789	30.163
Metanion	—	—	[illegible]	[illegible]	[illegible]	[illegible]	[illegible]	[illegible]	[illegible]		—	—				[illegible]	[illegible]	[illegible]
Hydra	4	5	95			—	[illegible]	[illegible]	[illegible]				[illegible]	[illegible]	[illegible]	[illegible]	[illegible]	[illegible]
Kalamaki	—			—		—	—	—	—		—					2	19	178
Missolonghi			—	—	—			—		2	11	255	—	—		2	45	261
Milo	—	—		1	12	452		—	—			—	—			4	43	[illegible]
Naxos		—	—	—	—	—	1	19	206	—					—	3	18	199
Nauplie	—		—				—	—		2	20	281	—	—	—	4	29	231
Navarin	—	—			—		—		—		—		1	10	141	4	18	409
Neo	—	—	—	—	—	—	1	2	164				—			1	4	401
Patras		—	—				2	15	217	1	6	150	—			1	29	491
Pargo		—			—					—		—				1	7	419
Petra		—			—					—			—	—		1	12	325
Pyrée		—	—	2	41	309	5	95	1.760	9	19	307			—	16	179	2.049
Poros	—	—										—				5	14	591
Salo	4	40	220	2	11	255	3	91	315	—		—	1	12	240	8	55	1.495
Spetzia	1	9	149	2	10	256	5	66	120	2	[illegible]	612	1	5	107	14	146	2.578
Syra	3	37	293	1	8	464	33	357	6.206	5	59	1.730	5	53	621	54	418	9.626
Tenos	1	7	105		—	—							—	—		4	7	401
Volo	22	103	1.741	3	31	610	7	31	1.799	11	107	[illegible]	6	15	1.250	53	410	13.044
Zante	—	—	—	1	12	236	—									1	12	236
Xeros			—	3	8	252	2	15	231	1	12	425				34	311	5.083
Totaux pour chaque année	[illegible]	[illegible]	[illegible]	49	405	10.834	76	903	16.764	42	405	8.100	[illegible]	[illegible]	9.015	475	5.046	97.606

www.ingramcontent.com/pod-product-compliance
Lightning Source LLC
Chambersburg PA
CBHW070754220326
41520CB00053B/4395